반드시
당첨되는
청약
비밀노트

2022년 6월 29일 초판 1쇄 인쇄
2022년 7월 6일 초판 1쇄 발행

지은이 | 윤수영
펴낸이 | 이종춘
펴낸곳 | (주)첨단

주소 | 서울시 마포구 양화로 127 (서교동) 첨단빌딩 3층
전화 | 02-338-9151
팩스 | 02-338-9155
인터넷 홈페이지 | www.goldenowl.co.kr
출판등록 | 2000년 2월 15일 제2000-000035호

본부장 | 홍종훈
편집 | 문다해
교정 | 주경숙
본문 디자인 | 조수빈
전략마케팅 | 구본철, 차정욱, 오영일, 나진호, 강호묵
제작 | 김유석
경영지원 | 윤정희, 이금선, 최미숙

ISBN 978-89-6030-603-5 13320

• BM 황금부엉이는 (주)첨단의 단행본 출판 브랜드입니다.

황금부엉이에서 출간하고 싶은 원고가 있으신가요? 생각해보신 책의 제목(가제), 내용에 대한 소개, 간단한 자기소개, 연락처를 book@goldenowl.co.kr 메일로 보내주세요. 집필하신 원고가 있다면 원고의 일부 또는 전체를 함께 보내주시면 더욱 좋습니다. 책의 집필이 아닌 기획안을 제안해주셔도 좋습니다. 보내주신 분이 저 자신이라는 마음으로 정성을 다해 검토하겠습니다.

가점 19점으로 1년 만에 위례, 광교, 송도,
고덕에 당첨된 청약 전문가

반드시 당첨되는 청약 비밀노트

윤수영(유튜버 윤테크) 지음

BM 황금부엉이

청약, 아직 늦지 않았다

청약을 아는 것과 모르는 것의 차이는 엄청나지만, 청약 자체는 어렵지 않습니다. 누구나 마음만 먹으면 한 달 정도면 충분히 파악할 수 있고, 그에 따른 당첨도 어렵지 않지요. 물론 청약 공부만으로는 부족합니다. 여러 지역에 임장도 다녀보고, 데이터도 보면서 부동산을 보는 눈도 함께 키워가야 합니다. 저 역시 청약뿐만 아니라 재개발, 재건축, 경매, 갭투자, 지방 부동산 등을 지금도 꾸준히 공부하고 있습니다.

소비에 엄격했던 집안 분위기의 영향인지 어렸을 때부터 막연히 부자가 되고 싶다는 열망이 강했습니다. 그 수단 중 하나로 미국 주식, ETF, 부동산, 금, 채권, 달러 투자 등을 다양하게 공부했는데, 그중 상대적으로 변동성이 적은 부동산이 저랑 잘 맞는다고 느꼈습니다. 소액으로 이것저것 경험하다 보면 본인에게 잘 맞는 분야를 찾을 수 있게 될 겁니다. 사실 직접 경험해보지 않으면 본인의 정확한 성향을 알기는 어려우니 한 번씩은 접해보길 권합니다.

청약으로 누구보다 저렴하게, 또 새 집으로 내 집을 마련하는 게 맨 처음 할 일입니다. 그 후에 진정한 경제적 자유를 위한 다음 스텝으로 넘어가면 됩니다. 저와 제 주변 가족들은 2020년도부터 하나둘 청약에 당첨되기 시작하더니, 지금까지 무려 6채나 당첨되었습니다. 무주택에서 6주택까지 가는 데 1년 정도밖에 걸리지 않았죠. 운이 매우 좋은 거 아니냐고 생각할 수 있지만, 단순히 운만으로 6채까지 되는 게 쉽지 않다는 건 짐작할 수 있을 겁니다. 충분한 공부와 준비만 있다면 청약은 인생을 지름길로 안내하는 좋은 수단입니다. 실제로 제가 계약한 건 6채지만 당첨된 건 훨씬 더 많고, 계약하지 않은 건 중에 수억씩 오른 곳들도 많으니까요.

한 가지, 미리 말해두고 싶은 것이 있습니다. 이번 기회를 놓쳤다고 후회하지 마세요. 준비되어 있지 않으면 붙잡지 못할 뿐 기회는 계속 옵니다. 집값은 10년 전에도, 20년 전에도 언제나 비쌌지만 돌이켜보면 그때가 저점인 경우가 많습니다. 본인만 준비되어 있으면 기회는 반복해서 옵니다. 그래서 '공부나 투자에 늦었을 때란 없다'라는 말에 동의합니다. 오늘 당장 시작하세요. 맨날 핑계를 찾으며 불평불만만 하면 여러분의 인생은 절대 바뀌지 않습니다. 핑계는 어떤 상황에서도 찾을 수 있는 거라서 발전을 방해할 뿐입니다. 인생이 불공평한 걸 인정하고 내가 바뀌어야 할 이유를 찾는 게 훨씬 더 도움이 됩니다.

공부 못하는 아이가 인생에서 공부가 필요 없다고 아무리 외쳐도 무슨 소용이 있을까요? 공부하기 싫다는 핑계일 뿐이죠. 인생에서 공부가 필요 없다는 것이 얼핏 맞는 말처럼 들릴 수도 있지만, 결국 본인이 필요한 게 학벌이면 공부해야 합니다. 공부의 필요성을 논하는 건 다른 문제입니다. 지금 이 책을 읽고 있는 여러분은 대부분 내 집 마련이 목표일 겁니다. 정확히는 최소의 비용으로, 최고의 집을 갖고 싶죠. 그럼 자꾸 정책 탓, 정부 탓, 투기꾼 탓만 하지 말고 어떡하면 최고의 가성비를 낼 수 있을지를 고민하는 게 낫습니다.

저는 청약이라는 제도를 활용해 조금 늦긴 했지만, 저보다 앞서간 많은 사람을 따라잡았습니다. 주식도 좋고, 코인도 좋고, 경매도 좋고, 재개발, 재건축 다 좋습니다. 일단 다 공부하다 보면 본인에게 맞는 게 있습니다. 이 책을 읽으면서 당신의 심장이 뛰고 있다면 이미 반은 성공한 것과 다름없습니다.

내 집 마련이 정말 중요할까?

내 집에 살든 남의 집에서 전세나 월세를 살든 누구나 집이 필요합니다. 내 집 마련을 부동산 투자라고 생각하는 사람이 많지만, 곰곰이 생각해보면 실거주용 한 채를 매수하는 건 상승포지션에 베팅한 것도 하락포지션에 베팅한 것도 아닙니다. 지금 내가 살고 있는 공간이라서 집값이 오르거나 내린다고 당장 팔 것도 아니니까요. 내 집이 오른 만큼 혹은 내린 만큼 다른 아파트들도 비슷하게 움직이기 때문에, 실제로 내가 이사 갈 때 필요한 갭은 비슷합니다.

특정 지역에 호재가 있거나 상승여력이 큰 곳이라면 다른 지역보다 상승폭이 크겠죠? 그런 지역을 찾아서 2주택 이상 투자하는 것이 상승 포지션에 베팅한 것입니다. 주식으로 치면 실거주용 한 채는 주식을 산 것도 하락포지션인 인버스에 베팅한 것도 아닙니다. 아무것도 안 한 상태죠. 그러나 무주택자라면 그 위험하다는 인버스에 투자한 것과 같습니다. 주식 전문가들도 신중한 선택이 필요한 인버스에 올라타고 있으면서 불안하지 않다면 거짓말일 겁니다. 평생 남의 집에서 전세나 월세를 살고 싶은 게 아니라면 무리하지 않는 선에서 내 집 마련은 꼭 필요합니다. 어차피 필요한 집, 새 집으로 싸게 마련할 수 있다면 최고겠죠? 그 방법이 바로 청약입니다.

내가 사고 난 후 집값이 내려갈까 봐 무섭다!

유튜브만 봐도 부동산에 대한 정보가 넘쳐납니다. 누구는 상승을, 누구는 하락을 주장합니다. 가만히 들어보면 다 맞는 말이고, 지나고 나서 보면 상승에도 하락에도 다 이유가 있죠. 그러나 현재 아무리 정확한 논리와 데이터를 들이밀어도 그들 역시 미래를 알 수는 없다는 걸 깨달아야 합니다. 지금까지의 경험상 상승과 하락은 신의 영역이지, 부동산 전문가라는 타이틀을 달고 유튜브나 TV에 나온다고 맞힐 수 있는 건 아니었습니다.

고백하자면 저 역시 한때는 집값을 맞힐 수 있다는 전제하에 열심히 부동산 공부를 한 적이 있습니다. 인구수, 미분양 물량, 수요와 공급, 경매 낙찰가 등을 공부하면 예측할 수 있을 것 같았는데, 공부하면 할수록 이건 절대 예측할 수 없는 분야라는 걸 알게 되었습니다. 현실은 절대 이론처럼 흘러가지 않았고, 신도 예측할 수 없는 정책과 변수들이 너무나도 많습니다.

확신컨대 어느 시점에 얼마가 오를지 누구도 정확히 알 수 없습니다. 같은 시기에 살아도 오른다고 생각하는 사람은 매수하고, 내린다고 생각하는 사람은 매도합니다. 내 돈 10억, 20억이 들어가는데 매수자든 매도자든 엄청나게 비교하고 분석한 후 거래하지 않을까요? 아무도 미래는 모르고 각자의 판단은 달라서 '거래'라는 것이 가능합니다. 누구나 다 오른다고 생각하면? 거래는 절대 이루어지지 않겠죠.

처음 부동산 공부에 입문한 사람들은 본인보다 조금만 더 아는 사람이 하는 말을 들으면 그 말이 정답인 것 같고 그 사람이 신처럼 보이겠지만, 그 누구도 미래를 100% 예견할 수 없다는 걸 기억하세요. 이걸 인정해야 크게 실패할 일이 없습니다. 어설픈 확신은 패가망신의 지름길입니다. 여기까지 얘기하면 다들 이렇게 묻습니다. "그럼 저자님 생각은 어떠신가요?" 앞으로 쭉 얘기하겠지만 저는 부동산은 꾸준히 우상향한다고 봅니다.

방금까지 예측 못 한다면서 집값이 우상향한다고?

생각해봅시다. 부동산을 무엇으로 살까요? 맞습니다. 돈이죠. 자본주의를 조금이라도 공부해본 사람이라면 장기적으로 돈의 가치가 하락한다는 것 정도는 압니다. 10년 전 새우깡, 짜장면 가격만 떠올려봐도 금방 이해가 될 겁니다. 자, 그럼 앞으로 10년 뒤 짜장면 가격이 2,500원이 될 확률이 높을까요? 10,000원이 될 확률이 높을까요? 100명한테 물어봐도 다 후자라고 할 겁니다.

조금 더 전문적으로 볼까요? 지난 20년간 기축통화인 달러의 통화량을 보면 꾸준히 우상향합니다. 미국이 달러를 찍어내면 그 외의 국가들도 환율의 큰 변동을 막기 위해 따라서 통화를 찍어낼 수밖에 없습니다. 통화량이 많아지면 수요와 공급에 따라 통화가치는 내려가고, 상대적으로 자산의 가치는 올라갑니다. "그러면 그동안 쭉 찍어내던 통화를 확 줄이면 되지 않나요?"라고 질문할 수 있습니다. 결론부터 말하면 자본주의에선 그럴 확률이 매우 희박하고, 줄인다 해도 그 폭이 크지 않습니다. 그래서 저는 부동산이든 다른 자산이든 많은 사람이 필요로 하고 우량하다면 우상향한다고 믿습니다.

우리 부모님 세대만 하더라도 월급 50만 원 받으며 열심히 일했었습니다. 당시에는 적지 않은 돈이었지만, 화폐가치가 떨어진 현재 월급 수준으로 턱없는 액수죠. 이것이 평생 열심히 일하고, 현금만 모아서 부자가 될 수 없는 이유입니다. 이제 감이 올 겁니다. 가장 안전하다고 생각하는 현금이 사실 가장 위험하다는 것을 말이죠. 유명한 투자가 레

"Cash is Trash"
"현금은 쓰레기다"

이달리오의 말을 기억할 필요가 있습니다.

자본주의의 이런 기본적인 작동원리를 깨달아야 부동산 같은 자산을 구입할 때 과감히 선택할 수 있습니다. 부동산이 상승할지 하락할지는 신의 영역이지만, 확실한 건 돈의 가치는 장기적으로 하락한다는 것입니다. 그래서 1주택만 소유해도 인플레이션 방어 정도는 든든히 할 수 있게 됩니다. 전문가랍시고 특정 시점의 부동산 가격을 맞힐 수 있다고 나서는 사람이 있다면 신 아니면 사기꾼 중 하나니 믿지 마세요. 부동산을 공부하는 이유는 상승과 하락을 예측하기 위해서가 아니라,

여러 가지 지표를 통해서 최악의 선택을 피하고, 내가 가진 자금 안에서 최고의 선택을 하기 위해서입니다. 맞힐 수도 없는 미래를 예측하려 들지 말고 어떡하면 지금 시세보다 싸게, 안전마진을 많이 깔고 살 수 있을지를 공부하는 게 더 효율적입니다.

국가가 허락한 유일한 인생역전 사다리, 청약

현재 청약시장을 보면, 분양가가 주변시세 대비 굉장히 저렴한 경우가 많습니다. 분양가상한제 덕분이죠. 정부가 이런 로또청약을 정책으로 내놓은 결과 많은 청약난민이 생겼고, 그들을 희망고문에 빠지도록 만들었습니다. 물론 당첨만 되면 너무 좋겠지만 정말 극소수일 뿐입니다. 개인적으로는 분양가상한제를 완화해서 로또청약을 없애고, 공급을 늘리는 정책이 추진되어야 한다고 생각합니다. 몇몇을 위한 로또급의 시세차익이 아니라, 많은 사람이 적당한 안전마진을 얻을 수 있는 방향으로 말입니다. 하지만 정책이 옳으냐 그르냐를 따지는 것보다 지금 당장 내가 할 수 있는 일을 하는 게 중요합니다. 그러니 전략적으로 접근해서 그 극소수 안에 들어갈 수 있는 길을 찾아야 합니다.

결론부터 말하면 이럴 때일수록 자금이 부족한 사람도 청약에 나서야 한다는 것입니다. 부동산은 레버리지를 활용하기에 정말 좋은 자산이라 그렇습니다. 그중에서도 청약은 말도 안 되는 레버리지를 일으킵니다. "청약에 당첨되면 계약금 10%만 있으면 된다더라." 이런 얘기

들어본 적 있나요? 실제로 가능합니다.

현재 내가 가진 5천만 원으로 5억짜리 아파트를 사는 과정을 볼까요? 예를 들어 5억짜리 아파트를 분양한다면 보통은 계약금 10%, 중도금 60%, 잔금 30%로 구성됩니다. 계약금 10%인 5천만 원은 내가 가진 돈으로 내고, 중도금 50%는 대출받아 넣고, 나머지 잔금 10%인 5천만 원은 연체합니다. 연체이자를 내면 2회까지는 가능하니까요.

그런데 생각해보세요. 분양부터 입주까지는 시간이 꽤 오래 걸립니다. 몇 년 후인 입주시점에 잔금을 내야 하는데, 그 사이 시세가 7억까지 올랐습니다. 현 시세의 최대 70%까지 대출을 받을 수 있으니 7억의 70%면 대출이 4.9억까지 나옵니다. 그러면 중도금 대출을 다 상환하고, 잔금까지 내고도 4천만 원이 남습니다.

물론 집값이 하락할 수도 있겠죠? 하락하면 과도한 레버리지와 자금 부족으로 입주를 못 하게 될 수도 있습니다. 그래서 주변시세랑 분양가를 비교하고, 미래가치를 분석해보면서 가치 있는 곳에 청약하는 것이 중요합니다. 그러나 신축아파트는 누구나 원하니 수요가 탄탄하고, 주택도시보증공사(HUG)에서 고분양가를 관리하며, 분양가상한제까지 준비되어 있습니다. 이런 상황에서는 입지를 보는 눈만 있다면 웬만한 곳들은 걱정 없이 레버리지를 사용해도 괜찮습니다.

자금이 부족할수록 첫 주택은 반드시 청약!

이론적으로 실거주할 1주택이 필요한 걸 알아도 매일매일 상승하는 시장에서 선뜻 집을 구입하는 게 쉽지 않습니다. 그럼 반대로 하락하면 살 수 있을까요? 일반인이 하락장에서 사는 건 정말 어렵습니다. 주식시장에서 하락의 공포를 겪어본 사람이라면 알 겁니다. 그러면 뭐가 가장 좋은 방법일까요? 정답은 본인 자금 안에서 집을 구입하는 것입니다. 그래도 이미 오를 만큼 오른 집값을 치르는 게 너무 아깝다면? 그만큼의 노력을 투자해서 청약을 공부하는 방법이 있습니다.

청약은 기존 집을 매수하는 것보다 더 보수적입니다. 분양가상한제와 HUG 고분양가 관리를 적용받고 있는 지금, 청약에 당첨되면 대부분 그 즉시 안전마진이 생깁니다. 수도권 아파트 분양가와 현재 가격을 한 번 비교해보세요. 앞에서 얘기한 것처럼 청약은 계약금 10~20%만 있으면 분양가 100%라는 레버리지를 활용할 수 있죠. 원래 부동산이라는 상품 자체가 거래비용이 크고 필수재라서 하방경직성이 좋은데다가 신축은 더 좋으니 대출을 무서워할 필요가 없습니다. 또 분양권 상태에서는 취득세, 보유세, 재산세 등이 나가지 않으니 입주 시까지 세금 이연효과도 누릴 수 있습니다.

청약은 자금 대신 시간을 갈아 넣기 때문에 저렴한 겁니다. 청약에 당첨되고 계약금을 넣어도 당장 그 아파트에 거주할 수는 없으니까요. 집이 완공되고 입주할 때까지 보통 3년 이상을 기다려야 합니다. 그 시간 값을 나중에 시세차익으로 보상받는다고 생각하면 정답입니다. 이런 식으로 지금 당장은 불편하지만, 나중에 좋아질 곳에 투자하는 게 진정한 투자입니다. 인프라와 교통망이 구축되어 있지 않은 살기 불편한 신도시, 녹물 나오는 오래된 재건축 아파트, 허물어져 가는 재개발 빌라도 이런 맥락입니다. 살기 좋은 곳들은 그 좋은 이유가 이미 가격에 반영되어서 실용적인 측면에선 만족도가 높지만, 투자 측면에선 아쉬울 수밖에 없습니다.

분양가상한제로 저렴하게 집을 마련할 수 있는 방법이 청약이다 보니, 청약시장이 요즘 너무 과열되어 있는 건 사실입니다. 그래도 당첨 커트라인을 보면 결국은 15년 이상 주택 없이 살아온 사람들이 당첨됩니다. 15년간 부동산으로 시세차익을 한 번도 못 누린 대가라고 생각합니다. 2020년 공공분양 위례 A1-5 당첨 커트라인을 보니 청약통장에 26년간 10만 원씩 꾸준히 납입했어야 하더군요. 이렇게 통장 관리라도 잘한 사람들은 과거의 잘못된 선택을 바꿀 기회가 생깁니다. 청약 공부도 안 하고, 통장 관리도 엉망이었다면? 이런 기회조차 없습니다.

특히 특별공급은 누구에게나 평생 한 번만 주어지는 기회입니다. 이걸 공부 안 해서 그냥 날려버린다? 누구를 탓하겠습니까? 좋은 대학, 좋은 직장이라는 막연한 미래를 위해 학창 시절 12년간, 그렇게 많은 시간과 돈을 쏟아붓더니 막상 내 자산과 바로 연결되는 가장 중요한 청약 공부는 안 한다는 게 안타깝습니다. 무주택자에게 청약은 부동산 투기가 아니라 그저 마음 편히 살 수 있는 집을 가장 싸게 마련하는 방법일 뿐입니다. 특별공급을 활용하면 2030에게도 기회가 많고, 미리 공부하고 통장 관리를 꾸준히 해왔던 사람이라면 당첨될 확률도 높습니다. 청약은 게임과 같습니다. 청약의 규칙을 알고 실행으로 옮길 수 있다면 여러분도 분명 당첨될 수 있습니다.

저는 '윤테크'라는 유튜브 채널을 운영하고 있습니다. 다양한 방법을 통해 경제적 자유를 이룰 수 있는 재테크 채널이 되고자 합니다. 사실 청약은 목표를 달성하기 위한 관문일 뿐 최종목표는 아니었습니다. 그러다가 갑자기 어머니의 청약 당첨을 시작으로 30대 초반이라는 나이에 저도 당첨되고, 20대인 제 동생까지 당첨되는 걸 보고 청약 당첨이 생각보다 어렵지 않다는 걸 체감하게 되었습니다. 관심을 두고 경험을 쌓아가던 중 급등한 집값 때문에 내 집 마련에 어려움을 겪는 사람들, 상대적 박탈감을 느끼는 사회초년생들이 보이기 시작하더군요. 그래서 요즘은 청약에 초점을 맞춰 채널을 운영하고 있습니다.

'내 집 마련'은 경제적 자유를 이루는 초석이 될 뿐만 아니라 일상을 평화롭게 유지할 수 있는 중요한 시작점입니다. 여러분 역시 청약으로 저렴하게 새 집을 마련할 수 있기를 바랍니다. 이 책이 여러분께 길을 열어줄 수 있다면 더할 나위 없겠습니다.

차례

PART 1 부린이라면 꼭 알아야 하는 청약 첫 공부

PART 2 평생에 한 번뿐인 특별공급, 알차게 활용하기

PART 3 그래서 뭐부터 시작하면 되지? 실전 청약 기술

PART 4 기회의 땅, 3기 신도시

PART 5 불리하기만 한 내 투자, 어떡하면 좋을까?

PART

1

부린이라면 꼭 알아야 하는
청약 첫 공부

당신만 청약 당첨이 안 되는
7가지 진짜 이유

주변을 둘러보면 청약 당첨이 되었다는 이야기가 심심찮게 들립니다. 왜 나는 당첨되지 않는 걸까? 원래 운이 없어서 그렇다고 생각한다면, 아닙니다! 다 이유가 있어요. 다음 내용을 꼼꼼히 읽어보고 정확히 이해한 후 청약 마인드를 바꾸는 게 우선입니다.

하나, 본인의 위치를 몰라도 너무 모른다

살고 싶은 곳은 얼추 다 비슷합니다. 아파트 가격이 다 똑같다면 대부분은 서울의 중심인 압구정, 반포 같은 곳에 있는 넓은 집에 살고 싶어 합니다. 직장 가깝고, 학군 좋고, 교통 좋고, 병원·백화점·마트도 가깝고, 한강 뷰·호수 뷰·마운틴 뷰라면 더 좋겠죠. 하지만 현실적으로 생각해야 합니다. 좋은 곳은 많지 않고, 그만큼 비싸니까요. 내가 가진 가용자금과 청약가점에 따라 일부는 포기해야 길이 보입니다. 아무리 공부를 많이 해도 청약가점이 낮은데 좋은 곳에 당첨될 순 없습니다. 청약과 부동산을 공부하는 목적은 현재 본인의 상황에서 최고의 가성비를 뽑아낼 전략을 얻는 것입니다. 이것을 기억하세요.

공부해야 내 위치와 내가 청약할 곳의 위치를 정확히 알 수 있게 됩니다. 그래야 올바른 전략을 구사할 수 있고 당첨도 되겠죠? 서울 아파트, 판상형, 남향 이런 건 무주택을 오래 유지하고, 부양가족이 많은 사람에게 양보하세요. 타워형이든 북향이든 입지만 좋아도 자산가치는 충분합니다.

가치를 파악하는 능력이 부족하거나 욕심으로 이런 실패를 거듭하는 걸 꽤 자주 봅니다. 가점은 낮은데 죽어도 좋은 곳에 살고 싶다면 청약이 아니라 좀 비싸도 기존의 아파트를 사는 게 더 현명합니다. 부동산 시장에서는 돈뿐만 아니라 시간도 아주 중요한 투자요소니까요. 주택가격은 위아래로 요동칠 수 있지만, 분양가와 연동되는 건설공사비 지수는 1997년 IMF 때와 2008년 금융위기 때 소폭 조정이 있었을 뿐계속 우상향하고 있습니다. 이걸 늦게 깨달을수록 지각비를 치러야 합니다. 버스를 놓쳤습니다. 택시라도 타고 가서 앞에 가고 있는 버스를 잡아탈 건지, 버스는 놓쳤고 택시비는 아까우니 평생 천천히 걸어갈지는 본인의 선택입니다.

둘, 실거주와 투자는 분리해서 생각하자

청약에 처음 도전하는 사람들이 흔히 하는 착각이 있습니다. 남들은 다 떨어져도 왠지 나는 당첨될 것 같은 느낌이 든다는 것입니다. 하지만 몇 번 넣다 보면 완전히 착각이었다는 걸 알게 됩니다. 청약 당첨은 쉽지 않습니다. 대부분은 수십 번, 수백 번씩 넣고 간신히 당첨됩니다.

내가 실거주할 만한 곳의 물량은 1년에 몇 개 없습니다. 그러다 보니 실거주할 곳만 찾으면 당첨은커녕 청약할 기회조차 별로 없죠. 청약은 자금 대신 소중한 내 시간을 갈아 넣는 방법입니다. 그래서 하루라도 빨리 당첨되는 게 좋지요. 실거주할 곳에 당첨된다는 보장도 없는데, 시세차익이 몇억씩 보이는 청약단지를 건너뛴다는 건 기회비용 측면에서 아깝습니다.

물론 가점이 70점을 넘어서 아무 데나 골라서 갈 수 있는 사람들은 예외입니다. 분양가상한제로 거주의무가 있는 곳이 아니라면, 전세를 준 후 그 전세금으로 살고 싶은 곳에서 살면 됩니다. 시세차익과 실거주를 다 챙길 수 있죠. 그래서 실거주와 투자를 분리해서 생각해야 합니다. 청약 당첨이라는 것이 내가 살고 싶은 곳에만 넣어도 당첨될 정도로 만만치 않습니다. 청약횟수를 늘려서 당첨 확률을 높여야 합니다. 이때 바늘구멍인 '추첨제의 함정'에 빠지면 안 됩니다. 인기가 많은 곳은 당첨 확률이 0.5%도 안 되니까요. 중요한 것이라 뒤에서 자세히 설명하겠습니다.

셋, 공급이 많은 신도시를 노리자

대규모 택지개발지구, 즉 신도시는 빈 땅에 도시를 새롭게 건설하는 곳을 말합니다. 위례신도시, 동탄신도시 등을 떠올리면 바로 이해가 되죠? 신도시의 패턴은 항상 똑같습니다. 처음에는 허허벌판이라서 분양가가 굉장히 저렴합니다. 하지만 아무리 싸도 살 만한 인프라가 완성되려면 아직 멀어서 미분양이 많습니다.

이때가 가점 낮은 사람들에게 좋은 타이밍입니다. 과거 평택 고덕국제신도시, 인천 검단신도시, 양주 옥정신도시, 파주 운정신도시 경쟁률과 당첨가점 커트라인을 보고, 현재의 당첨가점 커트라인과 비교해보세요. 신도시 초기에 청약을 넣었더라면 별다른 경쟁 없이 분양가 2배 이상의 시세차익을 봤을 겁니다. 이것이 가점이 낮을수록 부동산 입지를 공부해야 하는 이유이기도 합니다.

물론 신도시는 공급이 계속해서 쏟아지니 중간중간 조정이 있을 테고, 세입자 맞추기가 어려운 시기도 있을 겁니다. 하지만 분양가상한제 적용, 원가에 맞춰 측정된 분양가, 입주까지의 시간적 여유라는 장점도 있죠. 그래서 장기적인 관점에서 보면 가점이 낮고, 당해조건을 채우지 못한 사람이라면 좋은 선택일 수 있다고 말하는 것입니다. 신도시뿐만 아니라 2만 5천 세대가 예정된 광명뉴타운, 1만 5천 세대가 예정된 시티오씨엘 등도 좋으니 눈여겨보세요.

넷, 대출을 무조건 무서워하지 말자

'대출'이라는 단어를 들으면 '위험하다'라는 생각이 가장 먼저 듭니다. 맞습니다. 대출 잘못 받아서 망한 사람들이 있죠. 금리가 높았던 부모님 세대에서는 특히 더 많았습니다. 그래서 부모님과 선생님 말씀 잘 듣고 바르게 자란 사람일수록 이렇게 생각할 수 있습니다. 당시에는 은행이자가 10%를 넘었기 때문에 굳이 재테크를 하지 않아도 열심히 일하고, 아껴 쓰고, 저축하면 부자가 될 수 있었습니다. 물론 그만큼 대출이자도 높았고요. 요즘은 금리상승기라 대출이 위험할 수 있지만, 역사적으로 보면 아직은 저금리라고 볼 수 있습니다. 저금리에서는 오히려 저축만 하는 게 더 위험하죠.

대출에도 좋은 빚이 있고 나쁜 빚이 있습니다. 망한 사람들은 대출을 활용해서 하락하는 자산을 구입했거나 엉뚱한 곳에 소비했을 가능성이 큽니다. 자동차나, 의류, 가방 등은 사는 즉시 하락하는 자산입니다. 반대로 상승 가능성이 큰 자산을 구입하기 위해 대출로 레버리지를 일으키는 건 '좋은 빚'입니다. 자산이 오를지 내릴지 예측하는 건 신의 영역이지만 청약은 주변시세보다 저렴하니 안전마진이 있고, 완공 후 새 아파트가 되는 순간 수요가 상당해집니다. 이런 신축아파트를 위한 중도금 대출, 주택담보대출은 괜찮다고 봅니다. 공격적인 투자자들이 안전마진도 없이 미래가치만 보고 투자하는 것에 비하면 상당히 보수적인 투자라고도 할 수 있죠.

청약 당첨된 신축아파트를 위한 대출을 무서워하면 어디서 레버리지를 활용할 수 있을까요? 주식, 금, 달러, 채권, 코인? 아니면 레버리지를 일으키지 않고 인생을 바꿀 만한 다른 방법이 준비되어 있나요? 월 1,000만 원 이상 버는 전문직이라면 굳이 레버리지를 활용하지 않아도 되겠지만, 우리 대부분은 충분히 공부하고 좋은 빚을 활용해서 레버리지 효과를 극대화해야 합니다. 부자들이 어떻게 하는지 보세요. 그리고 부자가 되고 싶다면 따라하세요.

다섯. 자금이 적을수록 청약이 답이다

열심히 저축해서 과연 내 집을 마련할 수 있을까요? 적어도 지금 시점에서는 불가능하다고 말하는 사람이 더 많을 겁니다. 하지만 청약에 당첨된다고 바로 입주하는 것은 아니라서 레버리지를 80~90%까지 활용할 수 있습니다. 자금이 많다면 선택의 폭도 넓지만, 자금이 적다면 청약이 가성비 좋은 투자라고 단언할 수 있습니다.

계약금 10%만 내고 중도금 대출을 실행하면 입주까지는 필요한 돈이 없습니다. 입주하기 전까지는 취등록세, 보유세 등을 낼 필요가 없으니 세금의 이연효과도 발생합니다. 허허벌판일 때보다는 공사 중일 때가 더 비싸고, 공사 중일 때보다는 으리으리하게 아파트가 완성되었을 때가 더 비쌀 확률이 높죠. 그래서 자금이 적을수록 청약을 이용하지 않을 이유가 없습니다.

가점도 높고, 자금도 많은 40~50대는 청약에 관심이 많을 겁니다.

반대로 가점도 낮고, 자금도 적은 2030은 청약에 불리하니 관심이 덜하죠. 그러나 2030은 시간적 여유가 많다는 엄청난 장점이 있습니다. 당장 집이 필요한 게 아니니 공사기간 3년여를 여유롭게 기다릴 수 있고, 대부분 1인 가족이거나 신혼부부라서 도시 간 이동도 자유롭습니다. 이것은 청약시장에서 굉장한 장점입니다. 자금이 적으니까 주식이나 코인으로 시드머니를 만든 후 부동산으로 넘어오겠다고 생각하지 말고, 대출 레버리지를 적극적으로 활용해 청약에 도전하길 권합니다.

여섯, 주택가격은 변동이 있어도, 분양가는 계속 올라간다

주택가격은 국내외 변수에 따라서 하락기가 오기도 합니다. 하지만 분양가는 하락기에도 거의 변동이 없습니다. 지난 20년간의 차트를 보면 답이 나옵니다. 2008년 금융위기 때 살짝 내려오긴 했지만, 계속해서 우상향하는 그래프를 보여주고 있죠? 매년 건설공사비지수가 오를 수밖에 없는 이유는 택지비, 인건비, 건축 자재값이 가만히 있질 않기 때문입니다. 현금 가치는 말할 것도 없습니다. 그래서 청약은 하루라도 빨리 당첨되는 게 좋다고 말하는 겁니다. 분양가 비싸다고 욕먹던 곳들이 불과 몇 년 사이 상대적으로 저렴해 보이는 이유가 바로 이것입니다.

건설공사비지수

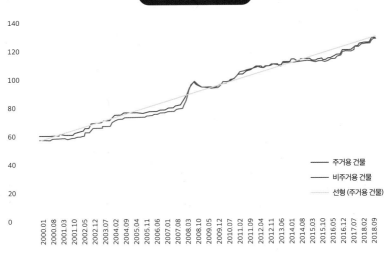

주거용 건물
비주거용 건물
선형 (주거용 건물)

지역별 아파트 실거래가격지수

전국　　　서울　　　경기

일곱, 신축의 희소성을 믿자

다음 표를 보세요. 쌓여 있던 공급이 해소되면서 2024, 2025년 수도권 주택 공급량이 수요량에 비해 부족해질 것으로 예상됩니다. 수요량보다 공급량이 약간 많던 시절에도 집값이 상승했는데, 공급이 부족해지면 어떻게 될까요?

물론 수요와 공급만 보고 상승과 하락을 논할 순 없습니다. 3기 신도시가 예정대로 진행돼서 공급이 더 늘어날 수도 있고, 금리인상이 급격하게 이뤄질 수도 있고 미래는 알 수 없지요. 하지만 입지가 같다고 가정했을 때 아무래도 신축에 살고 싶어 하는 수요가 많으니 구축보다는 하방경직성이 강하고, 상승기에는 구축보다 상승여력이 큰 것이 사실입니다. 신축의 희소성을 믿고 예상보다 분양가가 비싸게 나왔더라도, 조금 마음에 안 드는 부분이 있더라도 본인 가점 대비 메리트가 있는 곳이라면 과감하게 청약해도 괜찮다고 봅니다.

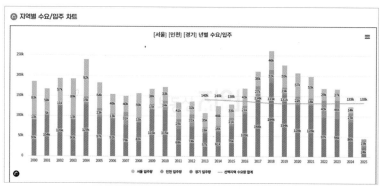

출처: 부동산 지인

청약주택:
공공분양보다 민간분양이 좋다?

청약시장에서 가장 먼저, 가장 많이 듣게 되는 단어가 이것입니다. 국가가 만들었냐 민간기업이 만들었냐에 따라 집의 크기, 청약 자격조건 등 많은 것이 달라지니 꼭 제대로 알아야 합니다. 정확히 이해해야 앞으로의 긴 여정을 성공으로 마무리할 수 있으니 쭉 훑어보세요. 딱히 어려운 것은 없습니다. 청약시장에서 주택은 크게 공공분양과 민간분양으로 나눠서 모집합니다.

공공분양 → 국가, 지방자치단체, 한국토지주택공사(LH), 지방공사가 직접 건설하거나 자금을 지원받아서 건설 또는 개량되는 85m² 이하(수도권 및 도시지역이 아닌 읍, 면 지역은 100m² 이하)의 국민주택을 분양하는 것

민간분양 → 삼성물산, 현대건설, 롯데건설 등 민간건설사에서 짓는 민영주택을 분양하는 것

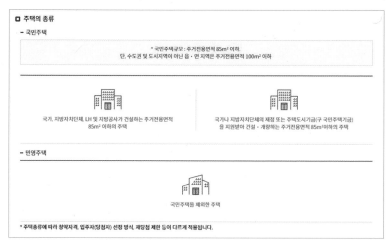

국민주택과 민영주택 중 뭐가 더 인기가 높을까요? 입지가 가장 중요하겠지만 나머지 조건이 같다면 당연히 민영주택입니다. 분양가 측면에선 아무래도 국민주택이 분양가상한제를 적용받아 저렴하니 좋지만, 민영주택도 특정 지역(서울, 과천, 하남 등) 또는 공공택지개발지구(평택 고덕, 인천 검단, 파주 운정, 화성 동탄, 위례 등)에선 분양가 제한을 받기 때문에 제일 좋은 건 '분양가상한제가 걸린 민영주택'이라고 할 수 있습니다. 이런 곳은 경쟁이 치열하죠.

그러나 마감재 품질도 떨어지고, 평수도 작고, 브랜드 이미지도 약한, 쉽게 말해 남들이 싫어하는 국민주택이라도 본인 가점 수준이 낮다면 좋은 선택지가 될 수 있습니다. 제가 당첨된 평택 고덕신도시의 아파트는 국민주택입니다. 청약가점이 높았다면 당연히 민영주택에 청약했겠지만, 내 위치를 누구보다 잘 아니 후회 없이 청약했습니다. 국민주택이라고 안 오르는 것이 아니고 부동산은 결국 입지라서 가점이 낮다면 이렇게 과감한 선택이 필요합니다. 참고로 3억에 분양받았는데, 현재 주변 국민평형인 84타입의 실거래가가 9억을 넘었습니다.

민간참여 공공분양 : 공공분양으로 모집해도, 시공사를 민간건설사로 유치해서 짓는 것

민간참여 공공분양인 곳은 공공분양의 단점을 많이 극복할 수 있습니다. 예를 들어 평택 고덕 자앤&자이는 주변의 민영주택과 큰 가격 차이가 없습니다. 자이는 1군 건설사로 많은 사랑을 받는 브랜드입니다. 21년 시공능력평가에서 당당히 3위를 차지했네요. 다음 표를 참고해서 최소한 어느 건설사가 1군 건설사인지 정도는 알아두세요. 대표적으로 래미안, 힐스테이트, 자이, 더샵, 푸르지오 등이 있습니다.

공공분양 물량은 생각보다 많지 않습니다. 1년에 나오는 총 분양물량을 100으로 잡으면 민간분양이 85, 공공분양이 15 정도의 비율입니다. 그러니 공공분양에만 청약할 수 있는 청약저축 통장을 가지고 있다면 청약예금으로 변경할지 말지 고민이 필요합니다. 현재의 납입인정금액이 2,000만 원을 넘지 않는다면 웬만하면 청약예금으로 바꿔 더 많은 민간분양 기회를 노리는 것이 유리합니다.

1군 건설사 도급순위

단위: 억 원

연번	2021년			2020년	
	업체명	평가액	순위변동	업체명	평가액
1	삼성물산(주)	225,640	-	삼성물산(주)	208,461
2	현대건설(주)	113,770	-	현대건설(주)	123,953
3	지에스건설(주)	99,286	↑1	대림산업(주)	111,639
4	(주)포스코건설	95,157	↑1	지에스건설(주)	104,669
5	(주)대우건설	87,290	↑1	(주)포스코건설	86,061
6	현대엔지니어링(주)	84,770	↑1	(주)대우건설	84,132
7	롯데건설(주)	67,850	↑1	현대엔지니어링(주)	76,770
8	디엘이앤씨(주)	64,992	↓5	롯데건설(주)	65,158
9	HDC현대산업개발(주)	56,103	-	HDC현대산업개발(주)	61,593
10	SK에코플랜트(주)	49,162	-	SK건설(주)	51,806
11	(주)한화건설	34,165	-	(주)한화건설	37,169
12	디엘건설(주)	32,492	↑5	(주)호반건설	35,029
13	(주)호반건설	31,483	↓1	(주)태영건설	26,879
14	(주)태영건설	26,478	↓1	(주)반도건설	22,364
15	대방건설(주)	24,863	↑12	중흥토건(주)	21,955
16	코오롱글로벌(주)	20,766	↑3	삼성엔지니어링(주)	21,078
17	중흥토건(주)	20,585	↓2	대림건설(주)	18,089
18	계룡건설산업(주)	20,244	-	계룡건설산업(주)	18,011
19	삼성엔지니어링(주)	19,455	↓3	코오롱글로벌(주)	17,643
20	한신공영(주)	19,284	-	한신공영(주)	17,226
21	동부건설(주)	19,172	-	동부건설(주)	17,116
22	금호건설(주)	18,275	↑1	(주)에스앤아이코퍼레이션	16,147
23	(주)서희건설	18,174	↑10	금호산업(주)	15,926
24	제일건설(주)	16,425	↑7	효성중공업(주)	15,878
25	우미건설(주)	15,408	↑1	두산건설(주)	15,777
26	(주)동원개발	15,156	↑4	우미건설(주)	15,343
27	(주)부영주택	14,930	↑14	대방건설(주)	14,588
28	두산건설(주)	14,909	↓3	쌍용건설(주)	14,504
29	(주)한라	14,861	↑7	(주)케이씨씨건설	14,434
30	쌍용건설(주)	14,819	↓2	(주)동원개발	14,222
31	(주)에스앤아이코퍼레이션	14,116	↓9	제일건설(주)	13,943
32	(주)케이씨씨건설	14,108	↓3	(주)한양	13,554
33	효성중공업(주)	13,909	↓9	(주)서희건설	13,544
34	(주)반도건설	12,642	↓20	(주)호반산업	13,050
35	(주)호반산업	12,549	↓1	중흥건설(주)	12,709

출처: 국토부 보도자료

청약통장:
지금은 주택청약종합저축뿐!

'청약통장'이란 가입자가 일정 조건을 만족하여 만기일을 채우면 주택청약 우선권을 받을 수 있는 통장을 말합니다. 청약통장이 있어야 청약을 넣을 수 있는 거죠.

청약통장을 만드는 방법은 매우 간단한데, 시중은행 9곳(농협, 신한, 우리, 하나, 기업, 국민, 대구, 부산, 경남) 중 한 곳에 가서 계좌를 개설하기만 하면 됩니다. 요즘은 비대면으로 하는 곳도 있으니 청약통장이 없다면 지금 당장 개설해두세요.

청약통장의 종류는 총 4가지인데, 현재는 '주택청약종합저축'만 개설할 수 있고 제한 없이 원하는 곳에 청약할 수 있습니다. 예전에 가입했다면 청약저축, 청약예금, 청약부금 통장이 있을 텐데 통장마다 제한이 있습니다. 청약저축은 국민주택만, 청약부금은 85m² 이하인 민영주택만, 청약예금은 크기 제한 없이 모든 민영주택에 청약할 수 있습니다.

출처: 청약홈

청약예금으로 바꿔
민영주택에 갈 수 있는 딱 한 번의 기회!

"어? 나는 그럼 민영주택은 청약할 수 없나?" 싶다면 걱정하지 않아도 됩니다. 청약저축과 청약부금을 가지고 있더라도 딱 한 번 청약예금으로 변경할 수 있습니다. 반대로 청약예금에서 청약저축으로는 불가능하고, 한 번 변경된 통장을 다시 되돌릴 수도 없습니다.

그럼 어떨 때 변경하고, 어떨 때는 그냥 놔두는 게 좋을까요? 현재 내가 가진 청약저축 납입인정금액이 2,500만 원 이상이고, 민간분양 가점이 50점이라면 납입인정금액의 가치가 더 높으니 청약예금으로 갈 이유가 없습니다. 반대로 납입인정금액이 1,000만 원인데, 가점이 69점이라면 청약예금으로 가는 게 낫습니다. 대략 납입인정금액 2,000만 원과 가점 64점이 비슷하다고 판단하면 됩니다.

일단 바꾸면 되돌릴 수 없으니 청약저축을 유지하는 게 나은지, 청약예금으로 가는 게 나은지 신중히 따져보세요. 일반적으로는 청약부금보다는 청약예금이 더 많은 평형에 청약할 수 있습니다.

청약저축 국민주택 < 청약부금 85m² 이하 민영주택 < 청약예금 민영주택

청약통장 명의변경이 가능하다?

옛날 통장인 청약저축, 2000년 3월 26일 이전에 가입한 청약예금이나 청약부금은 배우자 또는 직계존비속으로의 명의변경도 가능합니다. 오늘 당장 집에 오래된 청약저축 통장이 있는지 찾아보세요. 만약에 우리 할아버지나 할머니가 30년 된 청약저축을 그냥 갖고 있다면 미리 축하합니다! 재산을 물려주진 않았어도 이런 통장이 있다면 수억을 번 거나 다름없으니까요.

돈을 넣지 않아 미납됐던 통장이라도 미납된 만큼을 한 번에 완납하면 인정됩니다. 미납기간에 따라 인정 기간이 필요할 뿐, 일정한 시간이 지나면 다 인정됩니다. 예를 들어 4년을 미납했다면 인정되는 데 1~2년 정도 걸립니다. 사람마다 상황이 다르니 자세한 건 은행에 문의하면 됩니다. 가입기간이 오래되었다면 별다른 문제가 없습니다. 같은 등본상으로 주소지를 옮긴 후 세대주로 변경해서 청약저축 통장을 받을 수 있습니다.

그러나 2000년 3월 27일 이후 가입했다면 가입자가 사망한 경우에만 그 상속인으로 명의변경이 가능합니다. 무주택기간이나 부양가족 가점항목은 어차피 상속받은 사람을 따라가므로 큰 의미가 없습니다. 청약저축 통장인지, 오래되었는지만 확인해보세요.

청약통장의 종류 변경은 다음의 2가지 경우에 가능합니다.

① 청약저축 → 청약예금	납입인정금액이 지역별 청약예금 예치금액 이상인 계좌의 경우 해당 주택규모의 청약예금으로 변경 가능
② 청약부금 → 청약예금	청약부금에 가입한 후 납입인정금액이 지역별 85㎡ 이하 청약예금 예치금액 이상 납입한 경우 청약예금으로 변경 가능

* 청약저축 및 청약예·부금을 주택청약종합저축으로 변경할 수는 없으며, 전환한 청약예금을 저축으로 재전환이 불가함

청약통장의 명의변경은 아래의 경우에 한하여 가능합니다.

청약통장 종류	명의변경 가능 사유
주택청약종합저축	
청약예금·청약부금 (2000. 3. 27. 이후 가입)	- 가입자가 사망한 경우 그 상속인 명의로 변경
청약예금·청약부금 (2000. 3. 26. 이전 가입) 및 청약저축	- 가입자가 사망한 경우 그 상속인 명의로 변경 - 가입자가 혼인한 경우 그 배우자 명의로 변경 - 가입자의 배우자 또는 직계존비속으로 세대주가 변경된 경우 그 변경된 세대주 명의로 변경

출처: 청약홈

납입인정금액
: 제발 2만 원짜리 청약통장 만들지 말자!

공공분양에서 당첨자를 선정할 때는 '납입인정금액'이란 게 중요합니다. 말 그대로 납입한 전체 금액이 누가 더 많은지를 따지는 건데요. 청약통장을 만들 때 매달 얼마나 납입할지 정할 수 있는데, 최소 2만 원에서 최대 50만 원까지 가능합니다. 단, 납입인정금액은 매달 최대 10만 원까지만 인정됩니다.

가입 금액 그러니 10만 원 이상 더 넣을 필요가 없는 거죠. 많은 사람들이 아무 생각 없이 2만 원짜리 청약통장을 만드는 실수를 하는데 나중을 위해서 꼭 10만 원씩 납입하세요. 그래야 납입인정금액이 많아져 청약에 당첨될 확률이 높아집니다.

매달 10만 원이 부담스럽다면 청약통장을 개설한 후 아예 이체하지 말고 그냥 가지고 있다가 나중에 여유가 될 때 한 번에 넣는 방법도 있습니다. 2만 원씩 넣으면 매달 2만 원씩만 인정되지만, 미납하고 있다가 나중에 한 번에 이체하면 시간은 좀 걸려도 매달 10만 원씩 넣은 걸로 인정해줍니다. 또 살다가 돈이 필요할 때 예금담보대출을 받으면 1~2%의 적은 이자로 언제든지 찾아 쓸 수 있습니다.

최대 50만 원까지 넣을 수는 있지만, 최대 인정금액이 10만 원이고 이자가 얼마 안 되니 굳이 50만 원을 다 넣을 필요는 없습니다. 추가로 세액공제를 받고 싶다면 20만 원까지 넣어도 무방합니다. 세액공제는 최대 20만 원까지 가능합니다.

가입 시기 자녀 청약통장은 만 17세, 고2 생일 지나고 나서 즉시 만들어주는 것이 가장 좋습니다. 미성년자 가입 기간은 최대 2년밖에 인정되지 않아서 1살이든 만 17세든 인정되는 금액과 기간이 같습니다.

사실 인기 많은 공공분양 단지에 일반공급으로 당첨되려면 매달 10만 원씩 꾸준히 납입한 18~20년 이상의 통장이 있어야 하니 쉽지 않습니다. 하지만 어차피 사라지는 돈도 아니고, 적게나마 이자도 붙는 데다가 앞으로 인생이 어떻게 될지 모르니 미리 개설해두면 자녀에게 큰 자산이 될 수도 있습니다. 18살 때 만들었다면 20년 후인 38살만 되더라도 납입인정금액이 2,400만 원입니다. 로또분양이었던 과천지식정보타운, 위례 A-12 블록, A-5 블록 커트라인이 이 정도였습니다.

청약통장을 쓰지 않는 무순위청약(줍줍)에 당첨되었거나 구축을 매수했다면 청약통장의 납입인정금액은 고스란히 살아있습니다. 참고로 이제는 줍줍에서도 재당첨 제한이 걸리는데, 나중에 주택을 매도하고 무주택기간 3년을 채우면 다시 공공분양 청약이 가능합니다.

청약통장 가입현황
: 청약시장에서의 내 위치는?

청약시장에서 나의 현 위치를 파악하는 방법 중 하나는 전국에 얼마나 많은 청약통장이 있는지를 확인해보는 겁니다. '한국부동산원 청약홈'에 들어가면 쉽게 볼 수 있으며, 매달 업데이트 됩니다. 다음 페이지의 자료는 22년 3월 31일을 기준으로 작성된 것입니다.

현재 서울의 청약통장 개수는 약 624만 개이며, 그중 1순위 통장만 무려 379만 개가 넘습니다. 그래서 서울은 당해거주 요건을 충족했다고 할지라도 크게 메리트가 없죠. 작년 7월에 600만 개였는데 1년 만에 22만 개가 늘어났네요. 경기도도 비슷합니다.

쉽게 말하면 서울의 인구수가 958만 명인데, 서울시민의 37%가 1순위 통장을 갖고 있다는 뜻입니다. 경기도는 1348만 명 중 28%가, 인천은 293만 명 중 26%가 1순위 통장을 갖고 있네요. 서울은 서울 전 지역, 인천은 인천 전 지역에 청약할 수 있습니다. 그러나 경기도는 안양이면 안양, 광명이면 광명만 가능합니다. 셋 중에는 인천이 당첨되기 좋겠죠? 1순위 통장을 가진 사람이 그나마 가장 적으니까요.

청약통장 통장별 현황

조회 기준일 : 2022년 03월 31일 | 단위: 좌

시/도별	계	1순위	2순위
서울	6,248,317	3,799,973	2,448,344
인천	1,567,890	855,198	712,692
경기	7,221,843	4,209,906	3,011,937
수도권소계	15,038,050	8,865,077	6,172,973
부산	1,818,849	803,095	1,015,754
대구	1,278,597	627,778	650,819
광주	801,911	433,430	368,481
대전	875,341	502,443	372,898
울산	528,142	227,557	300,585
5대광역시소계	5,302,840	2,594,303	2,708,537
강원	647,995	420,808	227,187
충북	702,771	367,831	334,940
충남	954,324	537,136	417,188
세종	192,021	110,557	81,464
전북	782,859	466,353	316,506
전남	691,637	398,756	292,881
경북	1,012,030	540,167	471,863
경남	1,358,581	693,517	665,064
제주	258,269	181,202	77,067
기타지역소계	6,600,487	3,716,327	2,884,160
합계	26,941,377	15,175,707	11,765,670

출처: 청약홈

경기도는 시/군이 많으니 조금 더 세부적으로 살펴보겠습니다. 대부분 지역의 1순위 통장 비율은 인구수 대비 50%가 넘습니다. 그래서 통장 개수만으로 어디로 가야 유리할지를 쉽게 알기 힘들죠. 이럴 때는 수도권까지 함께 청약할 수 있는 택지개발지구의 청약가점 커트라인을 참고하면 좋습니다. 다른 지역은 60점대였던 반면, 고가점 통장이 많지 않았던 탓에 하남은 50점대에 불과했습니다. 이사 한 번으로 가점 10점 이상의 격차를 벌릴 수가 있었던 거죠.

앞으로 나올 물량들도 고려해야 하는데 개인적으로는 의왕, 하남, 과천, 남양주, 고양, 부천, 광명 등이 좋아 보입니다. 본인이 관심 있는 지역의 분양물량이 얼마나 남았는지, 청약통장 비율은 얼마나 되는지, 그동안의 가점 커트라인 양상은 어떤지, 3기 신도시가 얼마나 빨리 진행될지 등을 참고해서 이사를 고려하는 것도 괜찮은 전략이 될 수 있습니다. 실제로 당해조건의 힘은 엄청납니다.

경기도 통장별 현황

조회 기준일 : 2022년 03월 31일 | 단위: 좌

시/도별	계	1순위	2순위
가평	21,847	14,740	7,107
고양	597,153	359,428	237,725
과천	43,807	28,726	15,081
광명	200,161	128,801	71,360
광주시	176,381	93,298	83,083
구리	111,212	70,430	40,782
군포	166,975	104,462	62,513
김포	226,942	119,040	107,902
남양주	344,968	200,234	144,734
동두천	41,780	21,274	20,506
부천	479,639	288,725	190,914
성남	574,231	366,219	208,012
수원	720,298	429,506	290,792
시흥	252,359	135,322	117,037
안산	394,696	211,200	183,496
안성	72,798	31,457	41,341
안양	353,684	223,757	129,927
양주	101,857	50,307	51,550
양평	34,233	22,457	11,776
여주	43,818	28,597	15,221
연천	15,529	10,445	5,084
오산	121,398	63,824	57,574
용인	572,195	323,720	248,475
의왕	95,306	62,356	62,356
의정부	242,074	136,772	105,302
이천	96,242	62,467	33,775
파주	224,503	122,058	102,445
평택	251,783	124,219	127,564
포천	64,144	41,680	22,464
하남	146,596	96,265	50,331
화성	433,234	238,120	195,114
합계	7,221,843	4,209,906	3,011,937

출처: 청약홈

청약자격:
규제지역 국민주택 1순위가
가장 까다롭다

청약통장이 있다면 모집공고를 보고 어디에 청약할지 정해야 하죠? 마음에 드는 곳이 있다면 가장 먼저 내가 그곳에 청약할 자격이 되는지를 확인해야 합니다. 2022년 현재 수도권 대부분은 규제지역으로 묶여 있으니, 규제지역을 중심으로 자세히 살펴보겠습니다.

국민주택과 민영주택, 둘 다 모든 청약 자격조건의 기준은 '입주자모집공고일'입니다. 입주자모집공고일 전일까지 맞춰야 하는 조건은 청약통장 변경(예: 청약저축 → 청약예금), 청약저축 및 예금부금의 예치금 충족입니다. 입주자모집공고일 당일까지 맞춰야 하는 조건은 주소지 변경, 주택청약종합저축 예치금 충족, 세대주 변경입니다. 그냥 입주자모집공고 전일까지 다 맞춘다고 생각하세요.

규제지역 내 민영주택 1순위 조건

1. 세대주
2. 청약통장 가입기간 24개월 이상
3. 지역별, 면적별 청약 예치금액 충족
4. 무주택 또는 1주택자
5. 과거 5년 이내 다른 주택에 당첨된 사실 없음

* 4, 5번 청약신청자 및 청약신청자의 세대원까지 포함

비규제지역 내 민영주택 1순위 조건

1. 세대원 가능
2. 청약통장 가입기간 6~12개월 사업지마다 상이
3. 지역별, 면적별 청약 예치금액 충족
4. 다주택자 가능

세대주 조건

최초 입주자모집공고일 현재 해당 주택건설지역 또는 인근지역에 거주하는 자로서, 민법에 따른 성년자(만 19세 이상)와 다음 조건 중 하나에 해당하는 세대주인 미성년자(주택청약 시 성년자로 인정)만 청약신청을 할 수 있다. 단, 자녀 및 형제자매는 세대주인 미성년자와 같은 세대별 주민등록표등본에 등재되어 있어야 한다.

- 자녀를 양육하는 경우
- 직계존속의 사망, 실종선고 및 행방불명 등으로 형제자매를 부양하는 경우

지역/전용면적별 예치금액

단위: 만 원

구분	서울/부산	기타 광역시	기타 시/군
85m² 이하	300	250	200
102m² 이하	600	400	300
135m² 이하	1,000	700	400
모든 면적	1,500	1,000	500

출처: 청약홈

인기가 어느 정도 있는 곳들은 1순위가 아니면 의미가 없으니 1순위 자격조건만 잘 보면 됩니다. 2순위까지 신청할 수 있는 곳이라면 상대적으로 인기가 덜하다는 뜻이겠죠? 이런 곳이라면 입지나 분양가를 잘 따져보는 게 중요합니다.

민영주택 1순위 청약조건에서 중요한 포인트는 지역별, 면적별 예치금에서 말하는 '지역'이 청약할 곳이 아니라 '본인이 거주하고 있는 곳' 기준이라는 것입니다. 예를 들어 내가 서울에 거주하고 있고, 모든 면적에 청약하고 싶으면 1,500만 원이 예치금으로 들어 있어야 한다는 거죠. 위 표에서는 간단하게 구분했지만 광역시에는 인천 및 여러 광역시가 포함되고, 기타 시/군에는 경기도, 세종시가 포함됩니다. 그래서 예치금은 본인이 거주하는 곳을 기준으로 모든 면적으로 맞춰두는 것이 좋습니다.

이때 주의할 게 있습니다. 전용면적 102m² 이하까지로 맞춰놨는데 간혹 102.xx로 나와서 102m² 이하로 맞춘 사람들이 청약하지 못하는 경우가 종종 있습니다. 타입에는 분명 102A, 102B 이렇게 표시되어 있었는데 소수점이 숨겨져 있으면 청약할 수 없게 됩니다. 청약통장에 있는 예치금은 언제든지 은행 어플로 담보대출이 가능하니 넉넉하게 모든 면적으로 맞춰두세요.

예치금액과 청약통장 납입금액이 헷갈리죠? 예치금액을 보는 기준은 '입주자모집공고일'입니다. 민영주택은 이날까지 한 번에 납입해도 괜찮습니다. 국민주택의 매달 최대 인정금액이 10만 원인 것과 혼동하면 안 됩니다. 또 청약조건을 판단하는 기준 역시 청약접수일이 아니라 입주자모집공고일입니다. 많은 사람이 청약접수일로 착각하지만 아니니 주의하세요.

국민주택

규제지역 내 국민주택 1순위 조건

1. 세대주
2. 청약통장 가입기간 24개월 이상 + 24회 이상 납입한 이력
3. 동일한 주민등록표등본에 함께 등재된 세대원 전원 무주택(분양권 소유도 안 됨)

* 세대원: 청약신청자, 직계존속, 직계비속과 각각의 배우자 포함

국민주택도 1순위 자격을 갖춰야 하며, 민영주택보다 조금 더 까다롭습니다. 민영주택과 마찬가지로 세대주여야 하고, 동일한 등본에 함께 등재된 세대의 직계존속 및 직계비속 전원이 주택 또는 분양권 등을 소유하지 않은 무주택 세대구성원이어야 합니다. 이때 주택이나 분

양권을 소유한 세대주의 형제자매가 등본상에 함께 등재되어 있어도 청약에는 상관없습니다. 다만 청약신청자의 배우자가 별도의 주민등록표등본에 등재되어 있는 경우에는(배우자 분리세대) 그 배우자와 배우자의 주민등록표등본에 등재된 직계존비속을 포함합니다.

또 청약통장 가입기간 24개월 이상의 조건뿐만 아니라 24회 이상 납입한 이력이 있어야 1순위로 인정됩니다.

청약지역:
규제 vs 비규제

규제지역과 비규제지역의 청약 자격조건이 달라서 내가 넣으려는 지역이 어떤 곳인지를 꼭 확인해야 합니다. 자세히는 투기지역, 투기과열지구, 조정대상지역, 비규제지역으로 나눠볼 수 있는데, 투기지역이랑 투기과열지구는 청약조건이 같으니 하나로 봐도 됩니다. 현재 지정된 규제지역을 알고 싶으면 Part 3에 설명된 호갱노노 어플에 들어가 '규제'를 클릭해보세요.

현재(2022. 4. 15.) 기준 수도권 대부분 지역은 규제지역으로 묶여 있고, 가평, 양평, 경기도 광주 일부 지역, 이천, 여주 등은 아직은 비규제지역으로 남아있습니다. 그 외에 세종, 천안, 전주, 부산 등 지방 일부도 규제지역으로 묶여 있습니다. 2016년에 서울부터 묶이기 시작하더니 불장이 시작되던 18년, 20년에 본격적으로 묶였습니다. 본격적인 부동산 하락기가 와야 규제가 풀릴 것으로 보입니다. 참여정부 시절에 집값이 과도하게 올라서 규제하던 것과 비슷한 양상이죠? 하락기가 언제 올지는 모르지만 과거 데이터를 참고해서 대응하는 전략도 세워보길 바랍니다.

출처: 《메가경제》, 2020. 12. 18.

		조정대상지역	투기과열지구
금융	가계 대출	• 2주택 이상 보유세대는 주택 신규 구입을 위한 주담대 금지(LTV 0%) • 주택 구입 시 실거주 목적 제외 주담대 금지 - (예외) 무주택세대가 구입 후 6개월 내 전입, 1주택세대가 기존주택 6개월 내 처분 및 전입 시	
		• LTV: 9억 이하 50%, 9억 초과 30% - (서민·실수요자) 10%p 우대 • DTI 50% - (서민·실수요자) 10%p 우대	• LTV· 9억 이하 40%, 9억 초과 20%, 15억 초과 0% - (서민·실수요자) 10%p 우대 • DTI 40% - (서민·실수요자) 10%p 우대
		• 주택매매업·임대업 이외 업종 사업자의 주택구입 목적의 주택담보 기업자금대출 신규 취급 금지	
	사업자 대출	-	• 민간임대매입(신규) 기금융자 중단
세제 · 정비 사업		• 다주택자 양도세 중과·장특공 배제 - 2주택+20%p - 3주택+30%p('21. 6. 1. 이후 시행) *분양권도 주택수에 포함 • 2주택 이상 보유자 종부세 추가 과세 - +0.6~2.8%p 추가과세 • 일시적 2주택자의 종전주택 양도기간 - 1년 이내 신규주택 전입 및 1년 이내 양도 • 분양권 전매 시 양도세율 50% • 1주택 이상자 신규 취·등록 임대주택 세제혜택 축소 - 양도세 중과, 종부세 합산과세	• 재건축 조합원 지위양도 제한 - 조합설립인가~소유권이전등기 • 재개발 조합원 분양권 전매제한 - 관리처분계획인가~소유권이전등기 • 정비사업 분양 재당첨 제한 • 거주요건을 갖춘 경우에만 조합원 분양권 분양 신청 허용(수도권 재건축 적용)
전매제한		• 분양권 전매제한 - (1지역) 소유권이전등기 (2지역) 1년 6개월 (3지역) 공공택지 1년, 민간택지 6개월	• 주택·분양권 전매제한 - 소유권이전등기(최대 5년) - 분양가상한제 적용 주택 전매제한기간 강화
기타		• 주택 취득 시 자금조달계획서 신고 의무화 - 기존주택 보유현황, 현금증여 등 *투기과열지구는 증빙자료 제출	

출처: 국토교통부

규제지역으로 지정되면 위와 같은 제한사항이 생깁니다. 조금 더 간단하게 보면 다음 표와 같습니다. 물론 앞으로의 정책에 따라 변경될 수 있습니다.

	비규제지역	조정대상지역	투기과열지구
대출	최대 LTV 70%	최대 LTV 50% (9억 초과분 30%)	최대 LTV 40% (9억 초과분 20%)
비과세 요건 (1가구 1주택 기준)	2년 보유	2년 거주 및 보유	2년 거주 및 보유
취득세	3주택부터 중과	2주택부터 중과	2주택부터 중과
양도세	중과 배제	중과	중과
종부세	합산 배제	합산	합산
전매제한	0~6개월	최소 소유권이전 등기 시까지	최소 소유권이전 등기 시까지
자금조달계획서	제출 ×	모든 주택 제출	모든 주택 제출 (증빙자료 포함)

규제가 강한 지역일수록 대출이 안 나오고, 세금 혜택을 받기가 까다로워집니다. 투기과열지구에서 전매제한은 길게는 10년, 주변시세 대비 저렴하게 분양하면 보통 8~10년입니다. 조정대상지역에서는 소유권이전등기일까지인 경우가 많고, 비규제지역은 간혹 없기도 합니다.

입주자모집공고에 가끔 '청약과열지역'이라고 나오기도 하는데, 그냥 조정대상지역과 거의 같다고 보면 됩니다. 청약과열지역은 주택가격, 청약경쟁률, 분양권 전매량 및 주택보급률 등을 고려했을 때 주택 분양 등이 과열되어 있거나 과열될 우려가 있는 곳을 말합니다. 조정대상지역도 마찬가지로 위 데이터를 고려해서 국토부장관이 지정한 지역이라고 보면 됩니다. 이전에는 지정된 지역이 조금씩 달랐지만, 지금은 거의 비슷합니다.

규제하면 대출이 줄어들어서 필요한 가용자금과 세금이 늘어나 집값이 내릴 것 같지만, 아이러니하게도 실제로는 반대로 움직입니다. 옛날에도 그랬고 지금도 그렇습니다. 역사는 반복됩니다. 지금까지의 부동산 역사를 몸으로 체감하고, 다음 상승장 때 적용해서 자산증식에 도움이 되길 바랍니다. 부동산 가격에 영향을 주는 많은 요인이 있지만, 가장 확실하고도 어려운 정답은 '공급'입니다. 공급 없는 규제는 부작용이 상당하니까요.

규제지역과 비규제지역의 선정 비율

청약에서 '당해 거주자, 당해조건'이라는 말을 많이 보게 되는데, '당해'란 해당 지역의 거주자를 말합니다. 원칙은 당해 거주자들에게 100% 우선권이 부여됩니다. 그러나 66만m² 이상인 대규모 택지개발지구에서는 기타지역에 배정되는 물량이 있습니다.

서울·인천은 서울·인천 거주자에게 50%, 기타지역인 수도권 거주자에게 나머지 50%를 배정합니다. 경기도는 지역마다 배정되는 비율이 약간 다릅니다. 예를 들어 주택건설지역이 수원이라면 수원 당해 30%, 경기도 20%, 나머지 수도권에 50%를 배정합니다.

당해 30%라고 해서 나머지 수도권 50%보다 배정되는 비중이 적은 건 아닙니다. 당해 30%에서 떨어진 사람은 경기도분 20%와 한 번 더 경쟁하고, 마지막으로 당해, 경기도, 나머지 기타지역이랑 다 같이 50% 물량으로 경쟁할 수 있는 겁니다.

예를 들어 수원에서 분양한다고 가정했을 때 수원 당해는 3번, 경기도는 2번의 기회가 있으니 확률이 더 높죠? 보통은 수원 2년 이상 30%, 경기 2년 이상 20%, 수도권 50% 이렇게 거주지 기간 요건이 따로 붙습니다. 지역배분을 하면 기타지역에 거주하는 사람에게 기회가 생기지만, 그래도 당해 사람들의 당첨 확률이 더 높습니다. 예를 들면 운정신도시, 위례신도시, 검단신도시, 고덕 강일, 평택 국제신도시, 송도 등이 지역배분을 하는 곳이며, 수도권 내 재개발, 재건축 등은 당해 100%가 기준인 곳이 많습니다. 당해조건을 충족하는 곳이 없거나 서울처럼 당해가 워낙 많아서 당해가 큰 의미가 없는 지역에 거주하는 사람들은 택지개발지구를 적극적으로 활용하세요. 입주시점에 전세를 주더라도 가치가 있는 곳이면 넣어보는 것이 좋습니다.

인근지역, 즉 기타지역의 기준은 다음과 같습니다. 서울, 경기, 인천의 기타지역은 수도권 전체, 대전광역시의 기타지역은 세종시와 충청남도 전체를 아우르고, 충청북도의 기타지역은 충청북도만입니다. 보통 1순위 기타지역은 그 인근지역에서만 청약할 수 있습니다. 간혹 예외적으로 기타지역이 전국인 곳이 있습니다. 특수한 목적으로 개발하는 고덕 국제신도시와 세종시가 그렇죠. 이런 곳들은 지역조건에 제약이 없으니 다른 조건을 만족한다고 하면 청약을 넣어봐도 괜찮습니다.

지역별 입주자 선정방식

주택건설지역	비규제지역
서울특별시 인천광역시	- 해당 주택건설지역 거주자에게 50%를 공급하고 그 외 수도권 지역에 50%를 공급 예) 주택건설지역이 인천광역시인 경우 • 인천광역시 : 50% • 서울특별시 및 경기도 : 50%
경기도	- 해당 주택건설지역 거주자에게 30%, 경기도 거주자에게 20%를 공급하고, 그 외 수도권 지역에 50%를 공급 예) 주택건설지역이 수원시인 경우 • 수원시 : 30% • 경기도 : 20% • 서울특별시 및 인천광역시 : 50%
수도권 외 경제자유구역 개발사업시행구역	국토교통부 장관이 별도 정하는 바에 따름

출처: 청약홈

인근지역(기타지역)의 기준

- 서울특별시·인천광역시 및 경기도 지역(이하 '수도권'이라 한다.)
- 대전광역시, 세종특별자치시 및 충청남도
- 충청북도
- 광주광역시 및 전라남도
- 전라북도
- 대구광역시 및 경상북도
- 부산광역시, 울산광역시 및 경상남도
- 강원도

* 다만, 세종특별자치시, 도청이전신도시, 혁신도시개발지구, 기업도시개발구역, 산업단지, 주한미군 이전지역, 위축지역에서 공급되는 주택은 해당 및 인근지역에 거주하지 아니하는 자도 청약 가능

출처: 청약홈

가점제 및 추첨제 비율
: 민간분양

민간분양은 청약순위에 따라 입주자를 선정하며 1순위 미달 시에만 2순위 입주자를 선정하는 것을 원칙으로 합니다. 1순위 중 같은 순위 안에 경쟁이 있을 시 가점 및 추첨제로 입주자를 선정합니다. 2순위까지 갔을 때는 100% 추첨제입니다.

규제를 얼마나 받고 있냐에 따라서 가점제 및 추첨제 비율이 달라집니다. 투기과열지구 85m² 이하는 가점제 100%로 저가점자에게 기회가 전혀 없지만, 조정대상지역에서는 가점제 75%, 추첨제 25%, 비규제지역에서는 가점제 40%, 추첨제 60%로 가점이 낮은 사람들이 당첨될 기회가 있습니다. 85m² 초과에서는 투기과열지구도 50%의 추첨제 물량이 있으며, 조정대상지역에서는 70%, 비규제지역에서는 100%의 추첨제 물량이 있습니다. 규제가 약한 지역으로 갈수록 추첨제 물량이 많아지니, 가점이 낮다면 규제가 약한 지역의 추첨제 물량을 적극적으로 노려야 합니다.

흔히 가점제와 추첨제 중 하나를 골라서 청약해야 한다고 생각하는데, 아닙니다! 청약을 넣으면 먼저 가점제로 당첨자를 선정한 후, 여기에서 탈락한 사람들을 모아 다시 추첨을 통해 당첨자를 선정하는 방식입니다. 가점제를 넣을지 추첨제를 넣을지 고민할 필요가 전혀 없다는 거죠. 단, 1순위 예비를 선정할 때는 가점 순이니 참고하세요. 게다가 특별공급 예비는 100% 추첨으로 선정하기 때문에 특공 가점이 낮은

선정 비율

주거 전용 면적	투기 과열 지구	청약 과열 지역	수도권 내 공공주택 지구	85m² 초과 공공건설 임대주택	그 외 주택
85m² 이하	가점제: 100% 추첨제: 0%	가점제: 75% 추첨제: 25%	가점제: 100% 추첨제: 0%	–	가점제: 40%(~0%) (시장 등이 40% 이하로 조정가능) 추첨제: 60%~100%
85m² 초과	가점제: 50% 추첨제: 50%	가점제: 30% 추첨제: 70%	가점제: 50%(~0%) (시장 등이 50% 이하로 조정가능) 추첨제: 50%(~100%)	가점제: 100% 추첨제: 0%	가점제: 0% 추첨제: 100%

출처: 청약홈

사람도 운만 좋으면 예비 1번을 받을 수 있습니다. 그래서 괜찮은 청약지가 있는데 특공에 해당한다면, 당해지역이 아니고 자녀가 없더라도 적극적으로 청약해 당첨 기회를 늘려야 합니다.

또 추첨제 물량 중 75%는 무주택자에게, 나머지 25%는 '무주택자+1주택 처분조건을 서약한 1주택자'에게 배정됩니다. 그렇긴 하지만 인기 있는 곳은 무주택자도 추첨으로 당첨되기 어려우니 확률적으로 1주택자는 당첨이 더 어렵다고 봐야겠죠? 처분조건에 서약하지 않으면 확률은 0%입니다. 분양권이나 입주권을 소유한 사람도 처분조건에 서약할 수 없으니 0%에 가깝습니다.

흔히 규제지역 추첨제일 경우에만 처분조건 서약이 필요하다고 생각하는데, 광역시와 수도권 비규제지역에서도 마찬가지입니다. 단, 미달 물량이 생기면 처분조건에 서약하지 않은 사람, 다주택자 순으로 기회가 돌아갑니다. 비규제지역이라도 인기 있는 경기도 광주 초월역, 곤지암 등은 다주택자에게 기회가 오지 않습니다. 처분조건 서약이 없는 아산 같은 곳은 무주택, 다주택 상관없이 100% 추첨제로 당첨자를 선정하기도 합니다. 정책은 언제든지 변경될 수 있으니 그때그때 확인하는 게 좋습니다.

불합리한 청약제도 개선

현행(서울 기준)		개선(안)	
		60m² 이하	가점제 40% 추첨제 60%
85m² 이하	가점제 100% 추첨제 0%	60~85m²	가점제 70% 추첨제 30%
85m² 초과	가점제 50% 추첨제 50%	85m² 이상	가점제 80% 추첨제 20%

출처: 국민의힘

* 이번 정권에서 소형평수에 추첨제를 늘린다는 정책도 있으니 참고하길 바랍니다. 대신 85m²는 추첨제 비율이 줄어들게 됩니다.

가점제 및 추첨제 비율
: 공공분양

공공분양은 추첨제가 없었는데, 2·4대책에서 바뀐다는 소식이 나왔습니다. 그리고 기존에는 특별공급에 85%, 일반공급에 15% 물량을 배정했는데 50%, 50%로 변경할 예정이라고 합니다. 또 일반공급은 100% 순차제에서 순차제 70%, 추첨제 30%로 바뀔 예정입니다. 참고로 순차제는 민간분양이 아닌 공공분양 일반공급에서 청약통장 납입 인정금액 순으로 당첨제를 선정하는 것을 말합니다. 정확히 언제부터 시행한다는 이야기는 없지만, 전체적으로 추첨제를 통해 많은 사람에게 내 집 마련의 기회를 마련해주려고 하는 것 같죠? 기회가 커지니 좋은 것처럼 보이지만, 공급은 한정되어 있는데 자격요건만 낮추면 분명 누군가는 선의의 피해를 보게 될 겁니다. 겉보기에는 공정하고 정의로워 보이는 정책일지라도 누군가에겐 좋고, 누군가에겐 안 좋을 수밖에 없는 게 정책입니다.

이뿐만 아니라 민간분양 생애최초 특별공급도 원래는 혼인한 사람만 되던 것을 1인 미혼가구도 청약이 가능하도록 바꾸었습니다. 안 그래도 높은 경쟁률이 더 높아졌죠. 생애최초 특별공급은 본래 공공분양에만 있던 것인데, 민간분양에도 도입되면서 특별공급 경쟁률이 전체적으로 엄청나게 올라가 버렸습니다. 소득기준을 160%까지 대폭 완화해 바늘구멍이 된 데다가 혼인 조건까지 없애니 로또 청약단지는 그야말로 대국민 도박판이 되어버리겠네요. 추첨은 정말 희망고문입니다. 부동산 수요를 억지로 끌어올리려는 정책에 휘말리지 말고, 본인만의 기준을 잡고 본인 위치에 맞는 곳에 청약해서 당첨되는 게 합리적이라고 생각합니다.

당첨자 선정 방법과 순서:
추첨제의 함정

민영주택은 기본적으로는 가점제고, 그중 일부 물량만 추첨제로 당첨자를 뽑습니다. 막연히 추첨제에 넣으면 당첨될 거라고 생각하는데, 이게 얼마나 큰 착각인지 직접 확률을 계산해보면 확실히 알 수 있을 겁니다. 결론부터 말하면 추첨제의 희망고문에 빠지지 말아야 한다는 것입니다. 가점이 낮아서 추첨제만 노려야 한다면, 세종이나 동탄보다 상대적 하급지인 파주 운정 같은 곳도 적극적으로 노리고, 실거주할 수 없는 지역도 함께 노려야 합니다. 내가 원하는 분양 단지는 1년 중에 몇 군데 안 나오니까요.

저는 추첨으로 당첨되긴 했지만, 무순위청약 100% 추첨제에서 7:1 확률을 뚫었습니다. 송도 300:1도 뚫었었는데 그건 정말 운이 좋았던 거고요. 가점이 낮은 제 동생은 전략적으로 미달이 날 타입에 넣어서 당첨된 경우였습니다. 추첨제 물량이 25%, 50%밖에 없는 곳에 세 자 릿수 이상의 경쟁률을 가진 단지는 정말 당첨이 힘듭니다. 동생 통장으로 2년 정도 수도권에 있는 추첨제 물량에 싹 다 넣은 적이 있는데, 당첨은커녕 예비번호도 항상 끝자리만 받았습니다. 추첨제의 희망고문에서 벗어나야 합니다.

당첨 확률을 눈으로 직접 확인해보는 게 가장 빠를 겁니다. 먼저 전국 청약이 가능했던 세종 자이더시티를 봅시다. 다음 표를 보면 알 수 있듯이 그 지역에 살고 있는 당해 거주자가 가진 가장 높은 당첨 확률이 2%, 전국물량으로 보면 0.3% 정도였습니다. 거꾸로 말하면 떨어질 확률 98%, 전국으로 보면 99.7%라는 뜻입니다. 그것도 타입을 전략적으로 잘 골랐을 때 얘기고, 경쟁률이 높은 곳에 넣었다면 더더욱 당첨 확률은 떨어집니다.

세종 자이 더 시티 추첨 당첨 확률

주택형	지역구분	배점 세대수	추첨제 세대수	접수건수	경쟁률	추첨제 비율	당첨확률
93A	당해	2	1	304	179.50	50%	0.3192%
	전국	2	1	2,153	1255.00		0.0399%
93B	당해	1	0	77	77.00	50%	0.0000%
	전국	0	0	702	-		0.0000%
101A	당해	103	51	5,453	52.94	50%	1.0694%
	전국	103	51	35,367	395.31		0.1254%
101B	당해	192	96	9,291	48.39	50%	0.1797%
	전국	192	96	61,592	368.18		0.1360%
101C	당해	14	7	819	58.50	50%	0.9445%
	전국	13	6	6,468	559.46		0.0826%
101D	당해	2	1	193	96.50	50%	0.5899%
	전국	2	1	1,256	723.50		0.0692%
101E	당해	2	1	139	69.50	50%	0.8074%
	전국	2	1	1,070	603.50		0.0829%
101T	당해	6	3	304	50.67	50%	1.1108%
	전국	6	3	2,327	437.50		0.1144%
105	당해	1	0	49	49.00	50%	0.0000%
	전국	1	0	329	377.00		0.0000%
106	당해	1	0	19	19.00	50%	0.0000%
	전국	0	0	171	-		0.0000%
108	당해	1	0	15	15.00	50%	0.0000%
	전국	1	0	118	132.00		0.0000%
108P	당해	6	3	556	92.67	50%	0.6404%
	전국	6	3	2,510	510.00		0.0981%
109A	당해	7	3	342	48.86	50%	1.0491%
	전국	6	3	1,518	308.83		0.1622%
109B	당해	1	0	22	22.00	50%	0.0000%
	전국	0	0	195	-		0.0000%
114	당해	4	2	126	31.50	50%	1.7656%
	전국	3	1	531	217.67		0.1536%
114P	당해	1	0	39	39.00	50%	0.0000%
	전국	0	0	216	-		0.0000%
115	당해	2	1	61	30.50	50%	1.9625%
	전국	2	1	278	168.50		0.2976%
117P	당해	1	0	29	29.00	50%	0.0000%
	전국	0	0	166	-		0.0000%

더 인기가 많았던 동탄 디에트르는 당해조건을 갖춰야 0.1%의 확률이었습니다. 1,000명 중에 1명 정도나 가능할까요? 이 정도면 전교생 500명인 2개 학교에서 무작위로 골랐을 때 딱 1명만 당첨될 수 있는 확률입니다.

동탄 디에트르 퍼스티지 추첨 당첨 확률

주택형	지역구분	가점제 세대수	추첨제 세대수	접수건수	경쟁률	추첨제 비율	당첨확률
102A	당해	11	10	19,863	945.86	50%	0.0794%
	경기	7	7	56,260	5435.86		0.0260%
	수도권	18	18	31,385	2985.36		0.0168%
102B	당해	11	10	13,963	664.90	50%	0.1079%
	경기	7	7	38,341	3734.50		0.0363%
	수도권	18	17	22,139	2125.94		0.0229%

인기가 상대적으로 덜했던 곳을 볼까요? 두 자릿수의 경쟁률이지만 확률은 높지 않습니다. 그리고 더 큰 문제는 아직 청약 마인드를 제대로 갖추지 않은 사람들은 본인이 거주할 곳 이외에는 넣질 않는다는 겁니다. 1년에 한두 군데만 청약해서 당첨될 확률이 얼마나 될까요? 확률이 있긴 하지만 0에 가깝다고 보는 게 맞습니다.

주택형	지역구분	가점제 세대수	추첨제 세대수	접수건수	경쟁률	추첨제 비율	당첨확률
102A	당해	23	6	214	9.30	25%	5.00%
	경기	16	4	370	35.06		1.91%
	수도권	39	10	360	23.21		1.17%
102B	당해	30	7	435	14.50	25%	2.68%
	경기	20	5	931	66.80		0.96%
	수도권	51	13	987	45.16		0.58%
102B	당해	5	1	59	11.80	25%	2.51%
	경기	3	1	257	103.67		0.67%
	수도권	9	2	283	65.67		0.34%

공공분양 당첨자 선정 방법
: 10만 원씩 넣으면서 20년 이상 무주택?
납입인정금액이 걸림돌

국민주택은 민영주택과 당첨자를 선정하는 방식이 다릅니다. 많은 사람들이 원하는 40m² 초과를 보면, 3년 이상의 무주택 세대구성원 (규제지역은 세대주) 중 저축총액이 많은 자를 당첨자로 선정합니다. 3년 이상의 무주택은 기본이고, 저축총액이 중요한데 전체 금액이 아니라 납입인정금액으로 봐야 합니다. 한 번에 납입한 금액은 한 달에 최대 10만 원까지만 인정됩니다.

인기 많은 단지들은 최소 2,000만 원 이상이어야 하고, 2,500만 원 이상은 되어야 당첨권이라고 볼 수 있습니다. 말이 그렇지 20년 이상 무주택을 유지하면서 꾸준히 10만 원씩 납입한 사람이라는 뜻입니다.

그래서 할머니나 할아버지 중에 이런 통장을 갖고 있다면, 웬만한 자산을 물려주는 것보다 훨씬 낫다고 말한 겁니다. 하지만 실제로 이런 납입인정금액을 만들기 어려우니 '공공분양 일반공급'에 초점을 맞춰서 청약계획을 세우는 건 추천하지 않습니다.

또 일반공급에 당첨되면 입주 시까지 무주택을 유지해야 한다는 조건도 있습니다. 같은 공공분양인 특별공급에는 없는데, 일반공급에만 있는 이상한 규칙입니다. 입주까지 보통 3년이라서 투자자들은 그 3년을 참기가 쉽지 않습니다. 그때까지 비규제지역이라도 하나 더 투자하면 좋은데 그 기회를 살릴 수 없으니까요.

공공분양 물량 자체가 민간분양보다 현저히 적은데, 그중에서도 일반공급은 15%밖에 없습니다. 납입인정금액 커트라인이 높을 수밖에 없는 이유가 바로 이것입니다. 공공분양은 사실 특별공급을 준비하는 사람들에게 더 많은 기회가 있습니다. 물론 소득조건, 자산조건을 충족했다면요. 이런 까다로운 조건 때문에 같은 입지라도 공공분양 경쟁률이 낮게 나옵니다.

이래저래 메인 청약은 민간분양으로 잡고, 공공분양은 중간중간 옵션 정도로만 생각하는 게 좋은 전략입니다. 나중에 추첨제가 생기고 일반공급 물량이 50%로 늘어나면 납입인정금액 커트라인은 내려갈 겁니다.

당첨자 선정 순서
: 기준은 당첨자 발표일

청약할 때 중복청약을 해도 되는 경우가 있고, 안 되는 경우가 있습니다. 가장 중요하게 봐야 하는 부분은 청약접수일이 아니고 당첨자 발표일입니다. 청약접수일이 같더라도 당첨자 발표일만 다르면 중복해서 청약을 넣을 수 있습니다. 단, 당첨자 발표일이 빠른 단지가 우선적으로 인정됩니다.

그리고 같은 단지에 특별공급과 1순위 청약을 모두 넣어볼 수 있습니다. 이때 특별공급을 우선적으로 인정합니다. 대부분 이걸 모르고 둘 중 하나만 넣는데, 자격조건만 된다면 꼭 다 넣어보세요. 하지만 여기서도 주의해야 할 점이 있습니다.

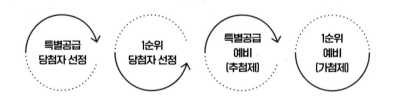

위 그림은 당첨자 선정 순서입니다. 가장 먼저 특공 당첨자를 선정하고, 그다음 1순위 당첨자, 그 이후에 특공예비, 1순위 예비 순입니다. 이것 때문에 1순위 예비에서 충분히 앞번호를 받을 수 있는 가점인데도 애매한 특공 예비번호에 밀려 번호가 사라지는 경우가 있습니다.

예를 들어서 1순위 가점 60점인 사람이 생애최초와 1순위에 모두 넣었다고 가정해봅시다. 이 아파트의 커트라인은 61점이라서 충분히 1순위 예비 앞번호를 받을 수 있는 상황이었지만 생애최초 특공에서 예비번호 100번이 나오는 바람에 1순위 예비번호는 사라지게 될 수도 있습니다. 따라서 본인 1순위 가점이 높다면 특별공급은 건너뛰는 것도 전략이 될 수 있습니다.

특별공급 예비자를 선정할 때는 가점 순이 아니라, 전체 특공에서 떨어진 사람 모두를 대상으로 추첨을 통해 예비자를 선정합니다. 그래서 생애최초든 신혼부부 특공이든 애매한 예비 뒷번호가 걸릴 수 있는 거죠. 투기과열지구에선 예비자를 5배수, 조정대상지역에서는 3배수를 더 뽑습니다. 그래서 100명을 모집한다고 했을 때 투기과열지구에서는 예비가 500번까지, 조정대상지역에서는 300번까지 나오게 됩니다. 가점이 애매하게 높은 사람들은 이 점을 주의해서 청약해야 억울한 경우가 발생하지 않습니다.

청약 전쟁!
상식 밖 의외의 규칙들

주택수 포함 예외 기준
: 집이 있지만 없다고?

"어? 내 명의의 집이 있는데 청약시장에서는 무주택으로 봐줘서 청약할 수 있다고?"

청약은 무주택자들을 위해 만든 제도인 만큼 주택 소유 여부는 굉장히 중요합니다. 본인이 지금까지 유주택자인 줄 알고 있던 사람들이 꽤 될 텐데, 주택을 소유하고 있어도 무주택으로 인정되는 경우가 있고, 이에 해당되면 청약이 가능합니다. 친절하게 입주자모집공고에 다 나와 있지만 낯선 사람들이 대부분일 테니 자주 언급되는 사례 몇 가지를 정리해보겠습니다.

상속받은 주택을 3개월 이내에 처분한 자

상속으로 주택의 공유지분을 취득한 사실이 판명되어 사업주체로부터 제52조 제3항에 따라 부적격자로 통보받은 날로부터 3개월 이내에 그 지분을 처분한 경우 무주택자로 인정받습니다. 상속은 불가피한 사유라 3개월의 시간을 주는 거죠.

지역 또는 면의 행정구역에 건축된 주택의 소유자

도시지역이 아닌 지역, 또는 면의 행정구역(수도권 제외)에 건축된 주택으로서 다음 각 목의 어느 하나에 해당하는 주택의 소유자가 해당 주택건설지역에 거주하다가 다른 주택건설지역으로 이주한 경우 무주택자로 인정됩니다. 단, 상속으로 주택을 취득한 경우에는 피상속인이 거주한 것을 상속인이 거주한 것으로 봅니다.

- 사용승인 후 20년 이상 경과된 단독주택
- 85m² 이하의 단독주택
- 소유자의 <가족관계의 등록 등에 관한 법률>에 따른 최초 등록기준지에 건축되어 있는 주택으로서 직계존속 또는 배우자로부터 상속 등에 의하여 이전받은 단독주택

20제곱미터 이하의 주택 또는 분양권을 소유하고 있는 경우

20m² 이하면 대부분 도시형 생활주택(도생)으로 주택수에 포함되지 않습니다. 단, 20m² 이하라도 2채 이상의 주택이나 분양권 등을 소유하고 있다면 무주택자로 보지 않습니다.

수도권의 소형, 저가주택 소유자

수도권 기준 전용면적 60m² 이하, 공시지가 1.3억 이하인 주택(그 외 지역 공시지가 8천만 원 이하)의 1주택 소유자 또는 소유한 세대에 속한 사람은 민간분양 일반공급에 청약할 때 무주택자로 봅니다. 단, 공공분양과 민간분양 특별공급에서는 무주택자로 보지 않습니다. 공시지가 가격의 기준은 입주자모집공고일입니다. 입주자모집공고일 이후에 처분하면 공고일에 가장 가까운 날에 공시된 주택 공시가격으로 산정하고, 입주자모집공고일 이전에 처분하면 처분일 이전에 공시된 주택공시가격 중 처분일에 가장 가까운 날에 공시된 가격으로 산정됩니다.

만 60세 이상의 직계존속(배우자의 직계존속 포함)이 주택 또는 분양권을 소유하고 있는 경우

민간분양, 공공분양 상관없이 무주택자로 봅니다. 단, 노부모 특별공급은 불가능하고 부양가족 가점으로 인정되지 않습니다.

미분양 잔여세대

미분양 잔여세대는 주택수에 포함되지 않습니다. 미분양과 미계약을 구분해서 봐야 하는데 미분양 물량은 주택수에 포함되지 않고, 미계약 물량은 주택수에 포함됩니다. 미분양은 2순위까지 모집했는데 경쟁이 없었다는 걸 의미하며, 미계약은 경쟁은 있었으나 계약하지 않았다는 걸 의미합니다. 이렇게 같은 잔여세대라도 경우에 따라 주택수에 포함되기도 안 되기도 하니 헷갈리면 꼭 사업지에 문의하고 진행하세요. 단, 분양권 상태일 때만 주택수에 포함되지 않을 뿐 입주하면 당연히 주택수에 들어갑니다.

분양권 주택소유 여부 판단

청약접수 결과 경쟁 발생 : 정당계약자 및 잔여세대 추가 계약자 모두 주택소유
청약접수 결과 미달 발생 : 정당계약자 주택소유, 잔여세대 추가계약자 주택 미소유(단, 정당계약을 포기하고 잔여세대로 계약하는 경우 주택소유)

구분	공급세대	접수	정당당첨자	잔여세대		주택소유 판단
				미분양	미계약	
A유형 (주택형)	100	200 (경쟁)	100	×	×	
B유형 (주택형)	100	200 (경쟁)	80	×	20	잔여 20세대 주택소유 인정
C유형 (주택형)	100	50 (미달)	30	50	20	잔여 70세대 모두 주택소유로 보지 않음
D유형 (주택형)	100	50 (미달)	50	50	×	잔여 50세대 주택소유로 보지 않음

* 경쟁발생 여부 판단은 주택형을 기준으로 판단하며, 최초 정당당첨자는 경쟁발생 여부와 무관하게 모두 주택소유로 봄

출처: 청약홈 입주자공고문

부적격 주의
: 청약 제한사항

청약에 당첨되는 것도 중요하지만 제한사항에 대해 정확히 이해해야 합니다. '재당첨 제한'이라는 것이 있습니다. 주택청약에 당첨된 사람과 그 세대에 속한 구성원에게 주택 종류와 지역별로 일정 기간 다른 주택의 당첨을 제한하는 제도입니다. 참고로 특별공급 접수에 제한을 받는 특별공급 제한, 부적격 대상자들에게 제한되는 부적격 당첨자 제한, 투기과열지구 및 청약과열지역에 1순위로 청약할 수 없는 제한, 가점제로 청약할 수 없는 가점제 당첨제한이 있습니다.

청약홈에 들어가 현재 일자 기준으로 조회하면 간단히 제한사항을 확인할 수 있습니다. 제한사항을 어기면 큰 불이익이 생길 수도 있으니 청약한 적이 없는 사람들도 꼭 한 번 확인하길 바랍니다. 공공 임대주택에 당첨된 사람 중에서도 나중에 분양전환하는 사업지들은 재당첨 제한을 받아 부적격 사유가 될 수 있습니다.

당첨주택명 동/호수	당첨일	제한사항					
		재당첨 제한	특별공급	부적격 당첨자 제한	투기과열지구·청약과열지역 (1순위 청약제한)	가점제 당첨제한	민간사전청약 당첨제한
위례신도시	2020-03-06	○ (2023-03-05)			○ (2025-03-05)		

□ 청약자 (●●●●●●-*****)의 제한사항 검색결과** 　조회기준일 : 2022-06-07

※ 부적격 당첨자 제한: 「주택공급에 관한 규칙」 제58조제3항에 따라 부적격으로 당첨이 취소된 분은 당첨일부터 1년간(향후 청약하려는 주택의 입주자모집공고일을 기준) 다른 분양주택(사전청약주택 및 분양전환공공임대주택 포함)의 입주자(민간 사전청약 당첨자도 포함)로 선정될 수 없습니다.
다만, 위의 부적격 당첨제한 기간 중인 분이라 하더라도 향후 공급신청하려는 주택의 입주자모집공고일을 기준으로 당첨일부터 '수도권 및 투기·청약과열지역은 1년, 수도권 외는 6개월, 위축지역은 3개월' 동안의 입주자 선정을 제한하오니 참고하시기 바랍니다.
※ 민간사전청약 당첨제한: 「주택공급에 관한 규칙」 제58조의5에 따라 민간 사전청약의 당첨자 및 그 세대원은 당첨일로부터 사전당첨자의 지위포기 전까지 다른주택(아파트, 규제지역에서 공급하는 무순위, 취소후재공급, 공공 또는 민간 사전청약)의 입주자로 선정될 수 없습니다.

출처: 청약홈

재당첨 제한은 투기과열지구에서 10년, 청약과열지역에서는 7년이고, 비규제지역은 재당첨 제한이 없습니다. 하지만 규제 여부를 막론하고 분양가상한제를 적용받는 곳이면 모두 재당첨 제한 10년에 걸리게 됩니다. 비규제지역도 예외는 아닙니다.

규제지역에 당첨되면 재당첨 제한 10년에 걸리지만, 비규제지역에 청약할 때는 앞서 받은 재당첨 제한이 적용되지 않습니다. 비규제지역에 당첨되면 기본적으로 재당첨 제한은 없지만, 투기과열지구에서는 5년에 걸립니다. 즉, 비규제지역에 당첨되고 바로 투기과열지구에 청약은 불가능하다는 뜻이죠.

재당첨 제한

당첨된 주택의 구분	적용기간(당첨일로부터)		
• 투기과열지구에서 공급되는 주택 • 분양가상한제 적용주택	10년간		
• 청약과열지역에서 공급되는 주택	7년간		
• 토지임대주택 • 투기과열지구 내 정비조합(제3조제2항제7호가목)	5년간		
• 이전기관종사자 특별공급 주택 • 분양전환공공임대주택 • 기타당첨자(제3조제2항제1·2·4·6·8호)	수도권 내 과밀억제권역	85이하	5년
		85초과	3년
	그 외	85이하	3년
		85초과	1년

* 두 가지 이상의 제한기간에 해당하는 경우 그중 가장 긴 제한기간을 적용

출처: 청약홈

그렇지만 어차피 규제지역 먼저 하고, 두 번째 주택을 비규제지역으로 해야 세금이나 대출에 유리하니 비규제지역에 먼저 당첨되는 경우는 고려하지 않아도 괜찮습니다.

제한사항만 보면 규제지역에 당첨된 후 바로 비규제지역에 청약할 수 있지만, 비규제지역에서 원하는 청약통장 가입기간이 있어 실제로 본인 명의로 바로 청약하기는 어렵습니다. 이럴 때 배우자의 통장을 쓰는 거죠. 청약 세계에서 부부는 한 몸으로 보기 때문에 재당첨 제한을 함께 받는다고 할지라도, 살아있는 배우자 통장으로 비규제지역에 한 번 더 청약을 넣어볼 수는 있습니다.

정리하면 2주택 포트폴리오 세팅을 원하는 사람들은 규제지역에 먼저 한 채를 마련하고, 그다음 비규제지역에 한 채로 가는 계획을 세워보세요. 하나는 실거주용, 하나는 투자용으로 세금 중과 없이 세팅할 수 있습니다. 실거주용 한 채는 인플레이션 헷지 정도의 중립 포지션이지 투자는 아니니까요. 시세차익을 원하면 비규제지역 투자를 잘 활용해보길 바랍니다.

투자를 위한 2주택 포트폴리오 전략

- 규제지역 한 채 먼저, 그다음에 배우자 통장으로 비규제지역 한 채!

부적격 주의
: 중복당첨

청약은 본인과 배우자가 함께 중복해서 넣는 경우가 많은데 다음 표를 보고 부적격을 예방하길 바랍니다.

규제지역 내 세대분리된 부부가 세대주로 각각 청약하여 당첨된 경우

구분		본인 (특별+1순위)	본인(특별) +배우자(1순위)	본인(1순위) +배우자(1순위)
당첨자발표일 같은 경우	같은 단지	특별당첨 인정 (1순위 무효)	특별당첨 인정 1순위 당첨 시 부적격(재당첨 제한)	둘 다 부적격 (재당첨 제한)
	다른 단지	둘 다 무효	둘 다 부적격 (재당첨 제한)	둘 다 부적격 (재당첨 제한)
당첨자발표일 다른 경우	같은 단지	×	×	×
	다른 단지	선당첨 인정 후당첨 무효	선당첨 인정 후당첨 부적격 (재당첨 제한)	선당첨 인정 후당첨 부적격 (재당첨 제한)

* 과거 5년 이내 당첨사실이 없고, 2주택자가 아닌 경우

투기과열지구나 조정대상지역으로 묶인 지역 내에서 세대분리된 부부가 세대주로 각각 청약하여 당첨된 경우라면 원칙적으로 선당첨이 우선됩니다. 그러니 특별공급과 1순위를 모두 넣을 때는 본인과 배우자 따로 넣지 말고, 한 사람의 명의로 다 넣는 게 깔끔합니다. 배우자와 따로 넣으면 괜히 당첨되고도 한 명은 부적격이 되니까요.

규제지역 내 비규제지역에 중복청약하여 당첨된 경우

구분		본인+본인	본인+배우자
당첨자발표일 같은 경우	특별(규제) +특별(비규제)	둘 다 무효	특별공급 1회 제한 (모두 부적격)
	특별(규제) +1순위(비규제)	둘 다 무효	둘 나 인정 단, 특별+국민=모두 부적격 특별+민영(상한제)=특별 부적격
	1순위(규제) +1순위(비규제)	둘 다 무효	둘 다 인정 단, 특별+국민=모두 부적격 민영+민영(상한제)=민영 부적격
당첨자발표일 다른 경우	특별(규제) +특별(비규제)	선당첨 인정, 후당첨 무효	선당첨 인정, 후당첨 부적격
	특별(규제) +1순위(비규제)	선당첨 인정, 1순위 무효	둘 다 인정
	1순위(규제) +특별(비규제)	선당첨 인정	둘 다 인정
	1순위(규제) +1순위(비규제)	선당첨 인정	둘 다 인정

* 과거 5년 이내 당첨사실이 없고, 2주택자가 아닌 경우

이때도 규제지역에 당첨된 후 배우자 명의로 비규제지역에 청약하는 전략은 효과적입니다. 이 전략만 잘 활용하면 한 번에 규제지역과 비규제지역 2채에 당첨될 수 있습니다. 여러 케이스를 다 외우려고 하지 말고 어떻게 하면 둘 다 인정되는지 포인트만 잡아보세요.

비규제지역에서 중복청약하여 당첨된 경우

구분		본인+본인	본인+배우자
당첨자발표일 같은 경우	특별(비규제) +특별(비규제)	둘 다 무효	특별공급 1회 제한 (모두 부적격)
	특별(비규제) +1순위(비규제)	둘 다 무효	둘 다 인정
	1순위(비규제) +1순위(비규제)	둘 다 무효	둘 다 인정
	1순위(민영 상한제) +1순위(비규제 국민)	둘 다 무효	상한제 주택인정, 국민주택 부적격
당첨자발표일 다른 경우	특별(비규제) +특별(비규제)	선당첨 인정, 후당첨 무효	선당첨 인정, 후당첨 부적격
	특별(비규제) +1순위(비규제)	선당첨 인정, 1순위 무효	둘 다 인정
	1순위(비규제) +특별(비규제)	선당첨 인정	둘 다 인정
	1순위(민영 상한제, 국민) +1순위(비규제 국민)	선당첨 인정	선당첨 인정, 후당첨 부적격
	1순위(비규제 국민) +1순위(민영 상한제)	선당첨 인정	둘 다 인정 (후당첨이 분양가 상한제 주택은 재당첨 제한×)

* 과거 5년 이내 당첨사실이 없고, 2주택자가 아닌 경우

부적격 주의
: 해외 거주 인정기준

여러 부적격 사유 중 해외에 거주하는 자녀를 부양가족으로 넣은 경우와 해외에 거주하면서 청약한 경우가 많습니다. 정확한 기준을 숙지해야 부적격을 예방할 수 있습니다.

주택공급에 관한 규칙을 보면 국외에 계속하여 90일을 초과하여 거주한 기간, 국외에 거주한 전체기간이 연간 183일을 초과하는 기간을 충족했다면 국내에 거주한 것으로 보지 않고 국외에 거주한 것으로 봐서 주택공급에 제한이 생길 수 있다고 나와 있습니다. 입국일로부터 7일 이내에 같은 국가로 출국한 경우도 국외에 계속 거주한다고 판단하니 주의해야 합니다.

주택공급에 관한 규칙
[시행 2020. 9. 29.] [국토교통부령 제760호, 2020. 9. 29., 일부개정]

제4조(주택의 공급대상) ⑥ 제5항에 따른 거주기간은 입주자모집공고일을 기준으로 역산했을 때 계속하여 국내에 거주하고 있는 기간을 말하며, 다음 각 호의 어느 하나에 해당하는 기간은 국내에 거주하지 않은 것으로 본다. 이 경우 다음 각 호에 따른 기간을 산정할 때 입국일부터 7일 이내에 같은 국가로 출국한 경우에는 국외에 계속 거주하는 것으로 본다.
  1. 국외에 계속하여 90일을 초과하여 거주한 기간
  2. 국외에 거주한 전체기간이 연간 183일을 초과하는 기간

출처: 국가법령정보센터

이 사람들은 국내에 거주한 걸로 인정되지 않는데 2020년 9월에 법이 개정되면서 생업에 종사하기 위해 단신부임으로 국외에 거주한 경우는 국내에 거주한 것으로 인정됩니다. 거주지 인정기준을 볼 때도 입주자모집공고일이 기준입니다. 국외에 오래 거주했다면 꼭 다음 조건을 숙지한 후 청약하세요.

모집공고일 현재 해당 지역에 거주 & 계속해서 90일을 초과하여 국외에 체류한 경우

- 해당 지역 우선공급 대상자로는 불인정하나 기타지역 거주자로는 청약 가능

모집공고일 현재 해외에 거주 & 국외 체류기간이 계속해서 90일을 초과하지 않은 경우

- 해당 지역 우선공급 대상자로 청약 가능

모집공고일 현재 해외에 거주 & 국외 체류기간이 계속해서 90일을 초과한 경우

- 해당 지역 우선공급 대상자로 불인정, 기타지역 거주자로도 청약 불가

국외에 거주하는 부양가족 기준은 나이에 따라서도 조금 다릅니다. 입주자모집공고에 보면 깨알 같은 글씨로 다음과 같이 적혀 있습니다. 만 30세를 기준으로 다음 조건에 해당되지 않아야 부양가족 가점으로 산정됩니다. 결과적으로 유학생 자녀는 부양가족 가점으로 인정되지 않는다고 알아두면 됩니다.

라) 외국인 직계비속은 부양가족으로 인정되지 않으며, 내국인 직계비속이라도 해외에 체류 중인 경우에는 부양가족 인정 불가

※ 만 30세 미만 직계비속 : 입주자모집공고일 기준 현재 계속하여 90일을 초과하여 해외에 체류 중인 경우
※ 만 30세 이상 직계비속 : 입주자모집공고일 현재 최근 1년 이내 계속하여 90일을 초과하여 해외에 체류한 경우

부적격을 막아줄 각 기관 연락처

청약 공부하다가 궁금한 점이 생기거나 헷갈리는 부분이 생기면 최종 자격 판단기관에 직접 문의하는 게 좋습니다. 많은 사람들이 블로그나 유튜브 정보를 맹신하는데 옛날 정보를 잘못 봐서 부적격이 날 수도 있습니다. 좀 번거롭긴 해도 자격 판단기관에 문의해야 정확한 정보를 얻을 수 있다는 걸 기억하세요. 특히 국토부의 답변은 나중에 소명자료로 이용할 수도 있습니다.

개별성이 강한 소득기준, 부양가족 가점, 해외 체류 등은 제3자가 정확히 확인할 수 없고 누구도 책임져줄 수 없습니다. 해당 기관에 전화해서 전화 한 통으로 부적격을 예방하길 바랍니다.

국토교통부 1599-0001 민간분양 청약 관련한 전반적인 내용
가장 답변이 정확하고 추후에 소명자료로 쓸 수 있습니다.

청약홈(한국 감정원) 1644-7445 민간분양 청약 관련한 전반적인 내용
국토부보다는 답변의 정확성이 떨어지지만 상대적으로 전화 연결이 쉽습니다. 하지만 국토부와 달리 직원의 실수로 잘못된 답변을 받았을지라도 소명되지 않습니다. 연결까지 좀 귀찮더라도 가능하면 국토부를 통해 자격조건을 확인하세요.

경기도 공공분양 및 신혼희망타운 관련한 내용

LH청약센터 1600-1004

경기주택판매부 031-250-4923

서울 공공분양 관련한 내용

SH청약센터 1600-3456

서울주택판매부 02-2017-4320

국세청 126 소득 및 양도세, 종부세 등 각종 세금 관련

취득세는 지방세라서 각 지역 주택과로 문의하면 됩니다.

금융위 02-2100-2845~6 대출 관련 문의

중도금 대출 보증 관련 문의

주택도시보증공사 1566-9009

한국주택금융공사 1688-8114

주택공급에 관한 규칙은 지금까지 150번도 넘게 바뀌었으며, 지금도 계속해서 바뀌고 있습니다. 그래서 어설픈 지식이나 블로그, 유튜브를 보면 부적격을 맞을 가능성이 큽니다. 되도록 위에 있는 각 기관 연락처에서 확답을 받고, 본인의 상황이 애매하다면 '국가법령정보센터'에서 '주택공급에 관한 규칙'을 읽어보면 보다 정확한 내용을 확인할 수 있을 것입니다.

앞으로 어떻게 변경될지 방향성이 궁금하다면 '국토교통부 - 뉴스소식 - 주택토지'로 들어가면 보도자료를 확인할 수 있습니다. 청약 시 10~15% 정도는 매번 부적격자가 발생합니다. 전화 한 통으로, 검색 한 번으로 꼭 부적격을 예방하세요. 부적격에 걸리면 1년이라는 기회비용이 날아갑니다.

부동산과 관련된 취득세, 양도세, 보유세, 상속세, 증여세, LTV, DTI, DSR, 등기비용, 중개보수 등을 대충이라도 알고 싶을 때는 '부동산 계산기'를 활용하면 됩니다. 대략 계산해보고 세무, 법무, 대출 상담을 받다 보면 보다 효율적인 상담이 가능합니다.

사전청약
: 목마른 실수요자들의 환풍구

뒤에서 자세히 다루니 일단 이런 것이 있다는 정도로 훑어보고 넘어가도 됩니다. '사전청약제'는 본청약 1~2년 전에 미리 일부 물량의 청약을 진행하는 제도입니다. 주택착공에 맞춰 진행되는 분양시기를 앞당겨 공급하는 거죠. 긴 시간 청약을 기다리는 무주택 실수요자들에게 주택을 제공해 대기수요를 해소하는 것이 목적입니다.

사전청약 역시 크게 공공 사전청약과 민간 사전청약으로 나뉩니다. 여러분이 알고 있는 3기 신도시 대부분은 공공 사전청약으로 당첨자를 미리 선정했습니다. 2기 신도시인 파주 운정, 인천 검단, 평택 고덕

등에서는 민간 사전청약으로 당첨자를 선정합니다. 2기 신도시는 이미 택지 확보를 끝냈기 때문에 사전청약으로 진행된다고 해도 입주시점까지 3~4년 이내로 사업진행 속도가 빠릅니다. 반면, 3기 신도시는 아직 택지가 확보되지 않은 곳들이 많아 입주까지는 상당한 시간이 필요합니다. 추천하기 어려운 이유가 이것입니다. 따라서 공공 사전청약에 올인하기보다는 선택지 중 하나 정도로 생각하고, 민간 사전청약을 적극적으로 노리길 바랍니다.

공공이나 민간이나 공통적으로 청약자격 기준 그대로를 사전청약 기준으로 판단하며, 본청약까지 무주택 유지가 조건입니다. 현재 거주기간 미충족자라도 사전청약 시 해당지역에 거주하면서, 본청약까지만 거주하면 충족됩니다.

다른 점도 있습니다. 공공 사전청약은 당첨되면 앞으로 나오는 사전청약에 더 이상 청약할 수 없지만, 일반청약은 가능합니다. 민간 사전청약은 당첨되면 모든 사전청약이 제한되는 것은 물론 일반청약도 할 수 없습니다. 단, 당첨자 지위를 포기한다면 통장은 그대로 부활하게 됩니다. 부활까지는 약 일주일 정도가 걸리는데, 당첨자 발표 후 바로 부활 신청은 불가능합니다. 염두에 두고 있는 사업지가 따로 있다면 청약통장이 살아나는 기간까지 고려해서 청약해야 합니다. 또 민간 사전청약에서 부적격이 나오면 앞으로 나오는 일반청약에도 영향을 미치니 주의하세요.

구분		공공 사전청약 (입주예약자)	민간 사전청약 (사전당첨자)
기본 정보	공급대상	공공택지 內 공공분양	공공택지 內 민간분양
	일반·특별 공급비율	일반 15%, 특별 85% * 기관추천 15%, 다자녀 10%, 노부모 5%, 신혼 30%, 생초 25%	일반 37%, 특별 63% * 기관추천 10%, 다자녀 10%, 노부모 3%, 신혼 20%, 생초 20%
	관련규정	공공주택특별법 시행규칙 * 공공분양주택 입주예약자 업무 처리지침	주택공급에 관한 규칙 * 제2절의2(사전공급계약 등) 제4절(주택 사전청약)
사전 자격심사	청약제한	사전청약 시 기준으로 제한 여부 판단 * 재당첨 제한, 투기과열지구 및 청약과열지역 1순위 제한, 특별공급 횟수 제한, 가점제 제한, 부적격 당첨자 청약 제한	
	일반·특별공급 청약자격	사전청약 시 기준으로 청약자격 심사	
사후 자격심사	주택수 유지	사전청약 시 주택수를 본 청약 시까지 계속 유지 * (무주택세대구성원) 공공 사전청약 입주예약자, 민간 사전 청약 특별공급 및 일반공급 추첨제(무주택 참여자) 당첨자 등	
	거주기간 충족	사전청약 시 거주기간 미충족자는 본 청약 시까지 충족 * 다만, 사전청약 당시 해당지역에 주소지를 두고 거주하고 있어야 함	
	타(他) 청약 당첨 여부	본 청약 시까지 일반청약 당첨사실이 없어야 함	- * 일반청약 신청·당첨 제한
사전청약 당첨 후 제한사항	타(他) 청약제한	공공·민간 사전청약 참여 제한	공공·민간 사전청약 및 일반청약 참여 제한
	사전당첨자 지위 포기 시 제한	당첨일로부터 일정기간 공공 사전청약 참여 제한	제한없음
	부적격 당첨 취소자	당첨일로부터 일정기간 공공 사전청약 참여 제한	당첨일로부터 일정 기간 민간 사전청약 및 일반청약 참여 제한
	재당첨 제한 등	최종 입주자로 확정된 자는 본 청약 당첨자 발표일부터 재당첨 제한 등 각종 제한 적용	

출처: 국토교통부

부린이를 위한 청약안내서:
청약 용어, 추천/비추천 물건들

청약 용어

청약에 처음 입문한다면 자주 사용되는 관련 용어를 알고 있어야 편합니다. 현장에서 실제로 줄임말이나 은어를 많이 쓰기 때문에 굳이 외우려고 하지 않더라도 계속 듣다 보면 곧 익숙해질 겁니다. 모델하우스를 줄여서 모하, 오피스텔을 줄여서 오피라고 하는 등 대충 알 만한 것들도 있고, 당해나 줍줍처럼 처음 보면 무슨 말인지 아예 알 수 없는 것들도 있습니다. 뭔지 알기 어려운 것들 중심으로 쭉 읽어두세요.

청약 기초 용어

모하: 모델하우스

오피: 오피스텔

생숙: 생활형 숙박시설

도생: 도시형 생활주택

RR: '로열동, 로열층'의 줄임말로 단지 내 가장 좋은 동, 가장 좋은 층을 말합니다.

못난이: 안 좋거나 구박받는 동이나 층

특공: 특별공급

당해: 건설사가 건축하는 해당 지역

예당: 예비당첨

일분: 일반 분양물량

조분: 조합원 분양물량

당발일: 당첨자 발표일

중대: 중도금 대출

줍줍: 잔여세대 무순위청약

피: 프리미엄

초피: 초반 프리미엄

마피: 마이너스 프리미엄

무피: 프리미엄이 없음

줄피: 잔여세대를 선착순으로 계약할 때, 선착순 줄을 프리미엄을 내고 구입하는 것

떳다방: 이동식 불법중개업소

원짱: 분양 주최 측에서 몰래 빼내어 파는 분양권(A → B)

깜깜이 분양: 홍보 없이 암암리에 분양하는 방식

초품아: 초등학교를 품은 아파트

총알: 돈(자본금)

MGM: 기존 고객을 통하여 새로운 고객을 유치하는 판매촉진 방식을 가리키는 마케팅 용어

지역명 관련 용어

인근지역 앞 글자를 따서 줄임말로 씁니다. 대부분은 요즘 자주 입에 오르내리는 핫한 곳들이죠. 익숙하지 않으면 부동산 모임이나 부동산중개소 등 현장에 갔을 때 대화가 안 될 수도 있습니다. 일단 훑어본 후 지도에서 찾아보며 확인까지 해두면 시장 파악에 큰 도움이 될 것입니다.

BYC: 봉화, 영양, 청송

TK: 대구, 경북

강남3구: 강남, 서초, 송파

강남4구: 강남, 서초, 송파, 강동

구남가: 구리, 남양주, 가평

금관구: 금천, 관악, 구로

노도강: 노원, 도봉, 강북

대대광: 대전, 대구, 광주

대세청: 대전, 세종, 청주

도도둔: 대전 도안, 도룡, 둔산

마용성: 마포, 용산, 성동

부울경: 부산, 울산, 경남

수용성: 수원, 용인, 성남

여순광: 여수, 순천, 광양

의양동: 의정부, 양주, 동두천

이삼생: 세종 2(이) 생활권, 3(삼) 생활권

지테홍: 청주 지웰, 테크노, 홍골

해수동: 해운대, 수영, 동래

부동산 용어

부동산 용어는 공부할 것이 많지만, 기본적으로 다음 용어들만 알아도 큰 문제는 없습니다. 실제로 많이 사용하는 용어들이라 부동산에 관심이 있다면 한 번쯤 들어봤을 것들입니다. 신조어도 많이 생겨나니 꾸준한 관심이 필요합니다.

부린이: 부동산+어린이

임장: 현장답사 활동

다운계약: 매물가보다 낮게 실거래가 신고

업계약: 매물가보다 높게 실거래가 신고

몸테크: 좋지 않은 곳에서 실거주하면서 수익이 나올 때까지 몸으로
버티기

영끌: 영혼까지 끌어모아 주택을 구매하는 것

패닉바잉: 합리적 판단이 아니라 공황 상태에서 구매하는 것

공투: 공동투자

마통: 마이너스통장

배배: 배액배상

임사: 주택임대사업자

주담대: 주택담보대출

구축아파트: 오래된 아파트

대장 아파트: 주변의 가격 상승과 거래를 주도하는 아파트

주복: 주상복합 아파트

맥세권: 맥도날드 생활권

몰세권: 대형쇼핑몰이 가까운 곳

백세권: 백화점이 가까운 곳

베라권: 베스킨라빈스 생활권

술세권: 술집이 가까운 곳

숲세권: 녹지공간(숲/산) 근처

스세권: 스타벅스 생활권

슬세권: 슬리퍼를 신고 갈 수 있을 정도로 편의시설이 가까운 곳

역세권: 기차, 지하철역 근처

편세권: 편의점 생활권

학세권: 학원가, 학교가 가까운 곳

벼락거지: 집값 폭등으로 상대적으로 갑자기 거지 신세가 된 무주택자

하우스푸어: 영끌로 어찌어찌 집은 마련했지만 경제적으로 빈곤한 사람들

렌트푸어: 내 소유의 집도 없는데 급증한 전셋값을 감당하기 위해 소득의 대부분을 지출하는 사람들

부동산블루: 연일 폭등하는 집값과 전셋값으로 좌절감에 빠진 무주택자가 겪는 우울감

부린이 비추천! 접근 금지

부동산 공부를 하다가 뭔가 어설프게 알게 되었거나, 뜻대로 안 풀려 패닉에 빠졌을 때 이성적인 판단 없이 이런 물건에 접근해 돌이킬 수 없는 실수를 하곤 합니다. '이런 걸 왜 당하지?' 싶을 정도로 허술하

게 보이겠지만, 이미 많이 올라버린 집값에 대한 좌절과 과거의 실수를 만회할 기회가 온 것으로 착각하고 당하는 사람들이 꽤 많습니다. 이 세상에 싸고 좋은 건 없다는 건 진리입니다. 열심히 공부해서 안전마진이 높은 새집을 마련하길 바랍니다.

1. 지역주택조합

줄여서 '지주택'이라고 부릅니다. 토지매입도 제대로 되지 않은 곳을 저렴한 분양가로 유인해서 당신의 지갑을 노립니다. 주변시세 대비 말도 안 되게 저렴한 경우가 대부분이고, '토지매입이 95% 이상 완료됐다. 곧 분양한다'라는 말로 꼬드기지만 정작 성공확률은 서울이 4%도 안 됩니다. 그냥 절대 하지 마세요.

이 세상에 노력 없이 싸고 좋은 걸 얻을 방법은 없습니다. 마트에서 세일하는 물건 하나를 살 때도 세일날짜며 세일폭 등을 알아보고 줄도 서가면서 사는데, 수억짜리 아파트를 그렇게 쉽게 싸게 살 수 있을까요? 어렵다고 봅니다. 정당하게 노력한 만큼만 안전마진을 챙겨간다고 생각하는 게 맞습니다.

사실 3기 신도시는 국가판 지역주택조합과 비슷합니다. 아직 토지매입도 안 된 상태에서 조합원(청약자)을 모집하는 단계죠. 그래서 정부가 아무리 3기 신도시를 권하더라도 사업 진행 속도를 잘 지켜봐야 당하지 않습니다.

2. 신도시 분양상가

앞에서 신도시 신축아파트는 괜찮은 투자처라고 말했죠? 하지만 신도시 상가는 조심해야 합니다. 상가는 기본적으로 임차인이 인테리어를 하고 들어오기 때문에 굳이 비싼 새 건물일 필요 없이 입지만 좋으면 됩니다.

반대로 신도시에 분양하는 상가는 엄청나게 비쌉니다. 분양가가 비싸니 월세가 높아지고, 임차인이 버티질 못하니 공실이 발생하는 악순환을 겪게 됩니다. 겉은 화려하지만 잘못 받으면 그동안 열심히 모았던 노후 자금을 날려버릴 수도 있습니다. 위례신도시, 마곡신도시 상가들이 대표적입니다. 노후에 상가로 월세 받는 삶을 영위하고 싶다면, 차라리 경매를 통해서 낡은 상가를 저렴하게 사길 권합니다.

3. 기획부동산 토지

어느 날 모르는 번호로 전화가 옵니다. "진짜 고급정보인데요. 정말 좋은 토지가 나왔습니다. 여러 명이 합쳐서 하는 거라 소액 투자가 가능합니다." 이 정보가 정말 고급정보면 나한테까지 올 가능성은 없습니다. 상식적으로 생각해봐도 진짜 핵심적인 정보는 본인 가족끼리만 나눠도 부족한데 생판 모르는 남에게까지 호의를 베풀 사람은 없습니다. 안 그래도 환금성이 좋지 않은 토지를 여러 명의 명의로 계약하기 때문에 매도할 때 모든 명의자의 동의가 필요합니다. 말만 들어도 쉽지 않겠죠? 또 토지 시세를 모르는 사람에게 제값에 팔 리도 만무하죠. 뻥튀기된 금액에 구입하는 경우가 다반사입니다.

혹시 구인구직 사이트에서 토지회사 구인광고를 본 적 있나요? 다 그런 건 아니지만 비양심적인 토지회사는 사람을 채용한 후 여기 토지가 좋다 저기 토지가 좋다면서 솔깃하게 만듭니다. 솔깃하는 순간 본인은 물론이고, 가족들 돈까지 싹 다 날리기 쉽습니다. 정말 주의하세요.

4. 오피스텔 잔여세대

요즘 아파트처럼 나오는 3룸 이상의 주거용 오피스텔, 아파텔의 열기가 뜨겁습니다. 입지에 따라 분양가가 다소 비싸긴 하지만 투자처로 괜찮은 선택입니다. 문제는 원룸, 투룸의 소형 오피스텔은 시세차익형이 아니라 수익형으로 봐야 한다는 것입니다. 그러니 원룸, 투룸 오피스텔 잔여세대는 아무리 입지가 좋아도 패스하세요. 오피스텔은 3룸 이상 아파트를 대체할 수 있는 상품만 보는 게 좋습니다. 보통 인기 많은 오피스텔은 잔여세대가 나한테 툭 떨어지지 않고 입금 순이나 선착순 등 또 한 번 경쟁을 거쳐야 합니다. 경쟁도 없이 전화 한 통화로 계약이 가능하다면? 안 좋은 곳일 가능성이 큽니다!

5. 신축빌라

신축빌라를 구경해보면 생각보다 저렴한 가격과 화려한 옵션에 혹하게 됩니다. 하지만 신축빌라는 아파트나 주거용 오피스텔처럼 수요가 탄탄하지 않기 때문에 앞으로 가격이 오를 확률보다는 내려갈 공산이 크죠. 꼭 빌라를 사고 싶다면 차라리 재개발이 예정된 구축빌라를 사는 게 투자 측면에서 훨씬 더 좋습니다.

부린이 추천!

부동산 청약에도 왕도가 있습니다. 이런 곳에 있는 분양단지라면 높은 수익을 가져다줄 수 있으니 꼭 청약에 도전하세요.

1. 구축 밭에 신축

주변에 구축만 있는데 신축이 새로 들어온다면 새것에 목말라 있는 사람들의 수요가 받쳐주면서 높은 경쟁률과 높은 가점이 형성될 것입니다. 높은 경쟁률과 가점은 높은 시세차익과 연결됩니다. 이런 곳들은 입지가 조금 떨어지더라도 신축의 힘을 크게 받을 수 있습니다. 하지만 새것도 언젠가는 낡기 마련! 신축의 가치가 가장 높은 시기인 4~5년 차에 매도한 후 입지 좋고 낡은 구축으로 가는 걸 추천하겠습니다. 신축에서 구축으로 다운그레이드된 만큼 자산은 업그레이드될 확률이 높습니다.

2. 신도시

위례신도시, 운정신도시, 옥정신도시, 평택 국제신도시 등 택지개발지구 안에 조성되는 신도시는 분양가상한제를 적용받아 저렴하기 때문에 눈여겨볼 필요가 있습니다. 처음에는 교통망도 제대로 구축되어 있지 않고, 인프라도 부족해 생활이 불편합니다. 사람들도 별로 없어서 유령도시 같은 느낌도 들지만, 교통망이 들어오고 인프라가 구성되기 시작하면 자연스럽게 사람들이 몰립니다. 하나씩 개선될수록 집값은 우상향하기 마련이니 상황만 된다면 청약하세요. 과거 동탄이나 위례 신도시만 보아도 처음에는 전세가 안 나가 고생하던 사람들이 지금은 수억 수십억의 시세차익을 보고 있습니다.

3. 첫 분양

가능하면 첫 분양이 좋습니다. 처음 분양하는 곳의 분양가가 저렴하기도 하지만, 앞으로의 계획에 대한 확신이 불투명한 상태라 선뜻 청약 넣기가 쉽지 않죠. 경쟁자들도 다 같은 마음이라 이때는 상대적으로 당첨도 쉽고, 분양가 부담도 적습니다. 임장하러 갔더니 허허벌판이더라도 미래의 상상도를 그려보면서 과감하게 들어가야 합니다. '미분양의 무덤'이라던 검단신도시가 그랬고, 서울과 멀리 떨어진 옥정신도시도 마찬가지였습니다.

분양가는 다음 단지부터는 계속해서 올라갈 확률이 높습니다. 신도시든 재개발 사업지든 처음으로 분양하는 곳이 있으면 기회를 놓치지 말고 꼭 붙잡길 바랍니다. 아마 99%의 확률로 원주민들은 별로라고 욕할 겁니다. 20년 이상 거주한 원주민들이 욕하는 곳은 더욱더 관심을 가지세요. 욕세권은 진리! 욕도 관심이 있어야 하지, 진짜 안 좋은 곳은 있는지도 몰라서 욕도 안 합니다.

대신 감당해야 할 것도 있습니다. 신도시, 첫 분양은 입주 후 몇 년간은 인프라 부족으로 불편하고, 공급도 많아서 세입자 맞추기도 어렵습니다. 하지만 고생한 만큼 시세차익을 보상받을 것입니다. 이와 비슷한 맥락으로 많이들 하는 것이 바로 낡은 아파트 몸테크입니다. 투자는 본인이 힘들고 불편한 만큼 큰 수익으로 돌아올 확률이 높습니다. 청약도 주변시세보다 저렴하게 새 집을 마련할 수 있다는 장점이 있지만 당장 집이 필요한 사람에게 공사기간 3년을 기다려야 하는 건 큰 단점입니다. 그래서 투자로 큰 수익을 얻고 싶은 사람들일수록 불편한 것들을 찾아다녀야 합니다.

64점, 문 닫고
위례 청약 당첨기

우리 집은 대표적인 부동산 하락론자였습니다. 진짜 부동산이 하락한다고 판단한 건지, 아니면 우리가 아직 집이 없으니 하락할 거라고 믿고 싶었는지는 모르겠습니다. 이런 분위기의 영향을 받아서인지 저 역시 처음엔 완벽한 하락론자였습니다. 하락론의 대표적인 근거는 '인구감소, 금리인상, 과도한 집값 상승' 등 뻔한 레퍼토리죠. 그 당시에는 6억짜리 집이 1억으로 내려가길 기다리고 있을 정도로 어이없는 사고방식을 갖고 있었습니다. 근거는 그럴듯했는데 시장은 매번 반대로 움직였고, 이쯤 되면 속는 것도 한두 번이라 합리적인 의심이 들더군요.

의심하는 힘을 기르기 위해 부동산 공부를 제대로 시작해서 전국 방방곡곡 임장도 다니고, 공인중개사들과 친분도 쌓아 나갔습니다. 결국 부동산 폭등론자까진 아니지만 천천히 우상향한다는 걸 이해할 수 있게 되었고, 단기적인 예측은 불가능하다는 것과 실거주 한 채는 꼭 필요하다는 결론에 이르게 되었습니다.

큰 욕심이 없으셨던 저희 부모님은 실거주 한 채를 갖고 있었지만, 아버지 사업이 잘못되면서 팔아야만 했습니다. 그 후 월세와 전세를 전전했는데 결국 사업은 회복되지 않았고, 아버지는 지병을 얻어 일찍 돌아가셨습니다. 이때부터 본격적으로 돈에 대한 열망이 더 커지기 시작했던 것 같습니다.

'그 당시에 돈이 많았더라면 인생이 더 좋은 쪽으로 흘러가지 않았을까?'라는 생각을 자주 했습니다. 이제는 어머니 집도 마련해드리고, 앞가림도 잘하고 있는 아들의 모습을 아버지가 꼭 보고 계셨으면 좋겠네요. 원래 갖고 있던 아파트는 아버지 명의여서, 사별한 어머니는 평생 무주택자로 인정되었습니다. 청약가점이 3인 가족 만점인 64점! 이걸 가장 먼저 활용해야겠다는 생각이 머리를 스쳤고, 그 이후 청약을 파고들기 시작했습니다.

3인 가족이라 64점에서 더 이상 오르지 않는 가점이었지만 처음에는 좋은 단지들만 골라서 넣었습니다. 상향지원만 하니 줄줄이 탈락! 탈락의 고배를 마시면서도 남들이 좋아하는 남향에 4베이 판상형만을 외치며 상향지원했습니다. 역시 결과는 참담했습니다. 한 1년간 '당첨내역이 없습니다' 화면을 보다 보니 전략이 필요하다고 느꼈습니다. 때마침 나온 위례의 한 아파트 청약, 사실 이전에 더 좋은 곳에 당첨될 기회가 있었는데 자금계획 공부가 되어 있지 않아서 송파 위례에 있는 물량을 두 번이나 놓쳤습니다. 그래도 마지막 남은 위례 아파트는 전략적으로 접근해 최저 커트라인인 64점에 딱 걸리게 됐습니다.

자금여력이 되지 않아 분양가 9억 이하 A, B, C타입 중 하나를 골라야 했습니다. 이때 평면도 분석을 제대로 공부했고, 사람들이 가장 선호하지 않는 평면을 찾아서 넣었더니 당첨! 조금 더 자세히 말하면 판상형을 피해서 타워형에 넣었고, 물량이 많은 것보다 적은 것을 선택했습니다. 청약 공부를 시작한 지 약 1년째였던 20년도 3월에 첫 결실을 본 것이죠.

앞으로 알겠지만 64점과 65점은 하늘과 땅 차이입니다. 요즘 같은 분위기에서 64점으로 위례에 입성하긴 정말 어렵습니다. 그동안의 고생을 보상받는 기분이었습니다. 당시 분양가가 7.5억 정도였는데 지금은 20억을 바라보고 있습니다. 첫 청약에 당첨됐을 때 안전마진이 4억 정도였는데, 이번 폭등장을 거치고 나니 안전마진이 10억을 그냥 넘겼네요. 여기는 실거주할 곳이라 가격이 올라가면 세금만 많아져 딱히 좋을 것도 없지만, 그래도 이 20억이라는 숫자가 저의 노력을 인정해주는 것만 같아 든든하고 행복합니다. 청약을 제대로 공부해두면 수익률은 이렇게 기하급수적으로 올라갑니다.

PART

2

평생에 한 번뿐인 특별공급,
알차게 활용하기

나에게 딱 맞는
특별공급 찾기

'특별공급'은 정책적 배려가 필요한 사회계층 중 무주택자의 주택마련을 지원하기 위해 일반공급과 별도로 청약경쟁 없이 주택을 분양받을 수 있도록 하는 제도입니다. 대표적으로 기관추천, 생애최초, 신혼부부, 다자녀, 노부모 부양, 이전기관 종사자가 있습니다. 기관추천에는 중소기업 근로자, 장애인, 국가유공자, 장기복무 제대군인, 10년 이상 복무 군인 등 다양한 기관추천 물량이 배정됩니다.

흔히들 '특공'이라고 부르는 특별공급은 한 세대당 평생에 딱 한 번만 당첨될 수 있고, 일반공급보다 자격조건이 까다로워서 상대적으로 경쟁률이 낮게 나옵니다. 잘만 활용하면 남들보다 쉽게 당첨될 수 있는 거죠. 당장 나, 혹은 우리 가족 중에 특별공급 해당자가 있는지를 찾아보세요. 찾기만 해도 여러분은 청약 당첨에 한 걸음 더 다가온 겁니다. 다양한 특공들을 소개하기 전에 가장 기초가 되는 부분부터 짚어보고 갑시다.

이제 공공분양과 민간분양은 이해하죠? 재밌게도 특별공급(이하 '특공')은 공공분양이고, 일반공급은 민간분양이라고 착각하는 경우가 꽤 있습니다. 정확히는 공공분양에도, 민간분양에도 일반공급과 특공이 다 있습니다. 배정물량은 다음 표와 같은데, 공공분양인 국민주택의 특공 물량이 85%로 상당히 많은 걸 알 수 있습니다. 특공 중에서는 신혼부부와 생애최초가 압도적이죠? 원래 민간분양에 생애최초 특공은 없었는데, 새로 도입되면서 결혼을 일찍 한 20~30대가 많이 당첨되었습니다. 그 부작용으로 특공 경쟁률이 엄청나게 높아졌죠.

특공은 가점이 낮더라도 조건만 된다면 인기 많은 단지라도 가리지 말고 꼭 넣어보세요. 1부 당첨자 선정 순서에서 설명한 것처럼 가점이랑 당해조건에서 밀려도 예비번호는 공평하게 추첨으로 뽑기 때문에 운이 좋으면 예비 1번이 될 수 있습니다. 한 번에 당첨될 가능성은 적지만 여러 번 청약에 도전하다 보면 당첨 확률도 늘어날 테니까요.

구분		일반공급	특별공급					
			합계	기관추천	다자녀	노부모	신혼부부	생애최초
국민주택		15%	85%	15%	10%	5%	30%	25%
민영주택	공공택지	42%	58%	10%	10%	3%	20%	15%
	민간택지	50%	50%	10%	10%	3%	20%	7%

생애최초 특별공급

생애최초 특별공급

- 국민, 민영 85m² 이하, 투기과열지구 내 9억 원 이하
- 국민 20% / 민영 공공택지 10%, 민간택지 7%
- **생애 최초로 주택을 구입하는 사람, 미혼 1인 가구(60m² 이하만)**
- 1순위, 지역별 면적별 예치금 충족 / 예치금 600만 원 충족
- 5년 이상 소득세 납부
- 무주택 세대구성원(**세대주**만 청약 가능)
- 청약통장 24개월 이상, 24회 이상(국민)
- 소득기준 및 자산조건 충족(부동산 2.155억 / 차량 3,557만 원)
- **소득기준 초과 시 30% 추첨제 물량으로 가능(자산조건 3.3억 이하)**

●민간분양에 신설된 자격조건   ●공공분양에 추가된 자격조건

| 생애최초 특별공급은? |

생애최초로 주택을 구입하는 사람들에게만 해당하는 특별공급입니다. 결혼하지 않아도 생애최초이기만 하면 된다고 생각하는 사람이 있는데, 기본적으로는 혼인신고를 했거나 자녀가 있는 사람만 가능합니다. 하지만 이제 민간분양에서는 미혼 1인 가구라도 60m² 이하에는 청약할 수 있습니다. '민간분양에서만' 가능합니다. 저소득층, 다자녀 가구 등을 위한 배려 차원에서 공공분양에서는 안 되니 주의하세요.

신혼부부와 생애최초 특별공급(이하 '신특, 생초') 물량의 70%는 기존 대상자에게 우선공급하고, 30%는 추첨으로 공급합니다. 소득기준 160%를 초과하는 사람도 부동산 자산 가액이 3.31억 이하라면 추첨제 물량을 노려볼 수 있습니다. 금수저들의 특공을 막기 위한 정책으로 보입니다. 대표적인 부동산으로는 토지, 오피스텔, 공장, 창고 등이 있고 전세보증금은 제외합니다.

민간분양에서만이라는 조건이 붙긴 하지만 미혼 1인 가구 청약이 가능해지면서 59m² 경쟁률이 굉장히 높아졌습니다. 또 추첨제가 신설되면서 자녀가 없어 신특에서 불리했던 사람들도 당첨을 기대해볼 수 있게 되었죠. 이전까지는 1자녀 이하인 신혼부부는 신특 경쟁에서 밀리기 때문에 생초로 쓴 사람들이 많아서 생초 경쟁률이 훨씬 더 높았었습니다. 이제는 1자녀 이하도 신특에 청약해 신특 경쟁률이 상승하고, 미혼 1인 가구들은 생초에 청약해 생초 경쟁률은 더 많이 상승하게 되었죠. 여기에 소득기준을 초과해 청약하지 못했던 사람들까지 합세

하면 지금 경쟁률보다 최소한 3~4배 이상 올라갈 것으로 예상됩니다.

공급물량은 한정되어 있는데 청약 자격조건만 완화한 결과 사실상 당첨될 확률은 더 낮아졌다고 봐야 합니다. 이런 추첨제 희망고문에 빠지지 말고 본인의 가점에서 당첨될 수 있는 곳을 전략적으로 노리는 게 더 좋을 수도 있습니다. 청약가점은 낮지만 자금여력이 있다면 청약만 쳐다보지 말고 재개발, 재건축 쪽 투자도 고려해보세요.

원래 정책이란 것이 누군가에겐 좋고, 누군가에겐 좋지 않습니다. 이번 정책으로 원래 특별공급 대상이었던 사람들의 당첨 확률은 떨어지고, 자격조건이 안 되었던 사람들은 0%에서 1%의 가능성이 생겼네요. 지금 당장 공급할 수는 없고, 기축 매매 수요를 낮추기 위해 많은 사람들을 청약 수요로 만든 정책입니다. 이 점을 참고해서 특별공급 내용을 읽어보세요.

생초는 모든 특공 중에서 경쟁률이 가장 높고, 앞으로는 3~4배 더 높아질 예정입니다. 그래도 추첨제로만 당첨자를 선정하기 때문에 가점이 낮은 사람들에게는 오아시스죠. 1순위 추첨제와 동시에 청약할 수 있는 데다가, 당첨 확률도 1순위 추첨제보다 높습니다.

민영주택 신혼부부, 생애최초 특별공급 사각지대 개선방안 (21.9.8.)

신혼부부, 생애최초 특별공급이란?

신혼부부 특별공급

[청약 조건]
1. 혼인기간 7년 이내
2. 혼인기간 중 무주택자
3. 소득 최대 140%(맞벌이 160%) 이하

[공급방법]
자녀수 순으로 공급하되 자녀수가 같으면 추첨.
저소득층에 70% 우선 공급

[공급비율]
민영주택 공급물량의 20%

생애최초 특별공급

[청약 조건]
1. 주택소유 이력 無
2. 혼인 중 또는 有자녀(미혼)가구
3. 5년 이상 소득세 납부
4. 소득 최대 160% 이하

[공급방법]
추첨으로 선정하되 저소득층에 70% 우선 공급

[공급비율]
민영주택 공급물량의 10%(공공택지는 20%)

'21. 11월부터 이렇게 바뀝니다!

✓ 신혼부부, 생애최초 특공 물량의 **30%를 추첨**으로 공급

① 기존 특별공급 대상자에게 70%를 우선공급
② 잔여 30%는 신규 편입대상자와 함께 우선공급 대상자를 한번 더 포함하여 추첨 → "기존 특공 대상자 배려"
  ※ 4050세대가 상대적으로 유리한 일반공급(가점제) 비중은 그대로 유지

✓ 30% 특별공급 추첨물량 **대상 확대!**

① 1인가구에게도 생애최초 특별공급 청약허용
  ※ 단, 다자녀 가구 등 배려를 위해 1인 가구는 60㎡이하의 주택만 신청 가능
② 맞벌이 가구 등 소득기준을 초과하는 경우도 신혼부부·생애최초 특별공급 청약기회 제공
  - 다만, 소득기준(160%)을 초과하는 자는 자산기준(약 3.3억 원)을 적용
  ※ 부동산 자산 가액(토지:공시지가, 건축물:시가표준액) 3.3억 원 이하, 전세보증금 제외
③ 신혼부부 특별공급 중 일부 물량은 자녀수 고려 없이 공급하여 무자녀 신혼부부 배려

신혼부부 특별공급

구분	소득기준		선별방식
	외벌이	맞벌이	
우선(70%)	100% 이하	120% 이하	자녀순
일반(30%)	140% 이하	160% 이하	

구분	소득기준		선별방식
	외벌이	맞벌이	
우선(50%)	100% 이하	120% 이하	자녀순
일반(20%)	140% 이하	160% 이하	
추첨(30%)	소득요건 미반영		추첨제 (자녀수X)

생애최초 특별공급

구분	소득기준	선별방식
우선(70%)	130% 이하	추첨제
일반(30%)	160% 이하	

구분	소득기준	선별방식
우선(50%)	130% 이하	추첨제
일반(20%)	160% 이하	
추첨(30%)	소득요건 미반영	추첨제 (1인가구 ○)

출처: 국토교통부

| 자격조건 |

생애최초로 주택을 구입하는 사람, 5년 이상 소득세를 납부한 사람, 무주택 세대주, 청약통장 가입기간 2년 이상, 소득기준 및 자산조건을 충족하는 게 자격조건입니다. 본래 혼인 또는 자녀가 있는 자만 가능했는데, 이제는 미혼 1인 가구도 해당합니다.

| 소득기준 |

소득요건이 대폭 완화되면서 민간분양에서는 원래 최대 130%까지였는데 160%까지 가능해졌고, 혼인 자격조건도 사라졌습니다. 안 그래도 높던 경쟁률이 더 높아지는 계기가 되었죠. 160%를 초과해도 부동산 자산기준 3.3억 이하면 생초 특공에 해당합니다. 특별공급이라는 말이 무색할 정도로 전혀 특별하지 않은 공급이 되어버렸습니다.

2021년 도시근로자 월평균 소득이 160%면 4인 가족 기준으로 한 달에 10,801,214원, 연봉으로 계산하면 1억이 넘습니다. 이러니 경쟁률이 과열될 수밖에 없겠죠? 생초 특공이 민간분양에 신설된 이후에 30대 당첨자가 눈에 띄게 많아졌습니다. 이제는 청약시장에서 외면받던 미혼 1인 가구 20~30대의 당첨 소식도 종종 들어볼 수 있을 듯합니다.

생애 최초 특별공급 소득요건 변경(안)

구분	소득요건(현재)		요건완화	
공공분양	100%		우선(70%)	100%
			일반(30%)	130%
민영	130%		우선(70%)	130%
			일반(30%)	160%

출처: 국토교통부

2021년도 도시근로자 가구당 월평균 소득 기준

	3인 가구	4인 가구	5인 가구	6인 가구	7인 가구	8인 가구
80%	4,967,148	5,760,648	5,860,858	6,223,860	6,586,863	6,949,865
100%	6,208,934	7,200,809	7,326,072	7,779,825	8,233,578	8,687,331
120%	7,450,721	8,640,971	8,791,287	9,335,790	9,880,294	10,424,798
130%	8,071,615	9,361,052	9,523,894	10,113,773	10,703,652	11,293,531
140%	8,692,508	10,081,133	10,256,501	10,891,755	11,527,010	12,162,264
160%	9,313,401	10,801,214	10,989,108	11,669,738	12,350,367	13,030,997

출처: 국토교통부

신혼부부 특별공급

신혼부부 특별공급

- 국민, 민영 85m² 이하, 투기과열지구 내 9억 원 이하
- 국민 30% / 민영 20%
- 입주자모집공고일 현재 **혼인기간이 7년 이내**
- 무주택 세대구성원(**세대원** 청약 가능)
- 청약통장 6개월 이상, 6회 이상(국민)
- 소득기준 및 **자산조건 충족(부동산 2.155억 / 차량 3,557만 원)**
- **소득기준 초과 시 30% 추첨제 물량으로 가능(자산조건 3.3억 이하)**

●민간분양에 신설된 자격조건 ●공공분양에 추가된 자격조건

| 신혼부부 특별공급은? |

신혼부부, 혼인기간 7년 이내의 젊은 부부가 적극적으로 노려봐야 하는 특공입니다. 아이가 있어도 괜찮습니다. 신혼부부 특별공급(신특) 은 자녀수가 많을수록 당첨에 유리하기 때문에, 자녀가 없다면 30% 추첨제 물량을 기대해야 합니다. 원래는 자녀가 1명일 때는 전략적으로 생애최초 특공(생초)을 넣을지 신특을 넣을지 고민했어야 했는데, 이제는 마음 편히 신특으로 넣고 추첨제 물량을 기다리면 됩니다. 생초는 당첨자를 100% 추첨으로 선발하지만, 경쟁률이 신특보다 훨씬 더 높으니 조건이 되는데 굳이 생초로 쓸 필요가 없습니다.

생각보다 가점이 낮은 특공이라서 예비 당첨되는 경우를 많이 봤습니다. 가점이 낮다고 좌절하지 말고 남들은 되고 싶어도 힘든 자격조건에 감사하면서 청약에 꾸준히 도전해보세요. 특공은 꼭 당해가 아니라도 괜찮습니다. 당해조건에 밀리긴 하지만 우리에겐 예비당첨이 있으니까요!

| 자격조건 |

혼인기간이 7년 이내여야 합니다. 생애최초 특공과 달리 세대원도 청약할 수 있고, 청약통장 가입기간이 6개월만 넘으면 됩니다.

| 소득기준 |

소득기준도 생애최초와 마찬가지로 많이 완화되었습니다. 공공분양은 맞벌이 140%까지, 민간분양은 맞벌이 160%까지로 연봉 1억이 넘어도 청약할 수 있습니다. 160%를 초과한다면 생초와 동일하게 자산 조건만 충족하면 됩니다.

신혼부부 특별공급 소득요건 변경(안)

구분	소득요건(현재)		요건완화	
공공분양	100%(맞 120%)		우선(70%)	100%(맞 120%)
신혼희망타운	120%(맞 130%) ＊6억 이상 분양주택 생애최초 주택 구입 시 130%(맞 140%)		일반(30%)	130%(맞 140%)
민영	우선 (75%)	100%(맞 120%)	130%(맞 140%)	
	일반 (25%)	120%(맞 130%) ＊6억 이상 분양주택 생애최초 주택 구입 시 130%(맞 140%)	우선(70%)	100%(맞 120%)
			일반(30%)	140%(맞 160%)

출처: 국토교통부

| 선정 방법 |

민간분양 공공분양과 민간분양의 신특 당첨자 선정 방법이 다릅니다. 민간분양부터 볼까요? 소득 100%(맞벌이 120%) 이하에 50%를 우선공급합니다. 자녀가 있는 사람들을 1순위로 뽑고, 그중에서도 해당 주택건설지역 거주자, 미성년 자녀수가 많은 자 순입니다. 자녀수가 같다면 추첨 순으로 선정합니다. 소득이랑 자녀수가 가장 중요하겠죠? 자녀가 없거나 1명이라면 30% 추첨제 물량을 기대해봐야 합니다.

신혼부부 특별공급 민간분양 당첨자 선정 방법		
우선공급	50% : 소득기준 100% 이하(맞벌이 120% 이하) 20% : 소득기준 140% 이하(맞벌이 160% 이하) 30% : 추첨제, 소득요건 미반영(자녀수 무관)
순위산정	1순위 : 미성년 자녀가 있는 경우(태아 포함) 2순위 : 무자녀 또는 2018.12.11. 전 기존주택 처분 무주택 기간 2년 경과
경쟁	1. 해당 주택건설 거주자 2. 미성년 자녀수가 많은 자 3. 자녀수가 같은 경우 추첨

공공분양 공공분양 당첨자 선정 방법은 13점 만점이 기준입니다. 가구소득 1점, 자녀수 3점, 해당 주택건설지역 연속거주기간 3점, 주택청약종합저축 납입횟수 3점, 혼인기간 3점입니다. 인기 많은 사업지는 최소 11점 이상은 돼야 당첨권이라고 볼 수 있습니다. 혼인기간이 짧을수록 유리해서 일부러 혼인신고를 늦게 하는 사람도 많습니다. 이런 가점항목을 미리 알고 있어야 청약통장을 관리할 수 있겠죠? 나중에 하려고 하면 늦습니다. 민간분양에서는 당해 여부와 자녀수가 가장 중요하며, 공공분양에서는 이 외에 다른 항목에서 가점을 잘 챙겨야 합니다.

신혼부부 특별공급 공공분양 당첨자 선정 방법

항목		기준	비고
가. 가구소득		해당 세대의 월평균 소득이 전년도 도시근로자 가구당 월평균 소득의 80퍼센트(배우자가 소득이 있는 경우 100퍼센트) 이하인 경우: 1점	
나. 자녀의 수		3명 이상: 3점 2명: 2점 1명: 1점	미성년인 자녀(태아 포함)
다. 해당 주택건설지역 연속 거주기간		3년 이상: 3점 1년 이상 3년 미만: 2점 1년 미만: 1점	주택이 건설되는 특별시·광역시 특별자치시·특별자치도 또는 시·군의 행정구역
라. 주택청약종합저축 납입횟수		24회 이상: 3점 12회 이상 24회 미만: 2점 6회 이상 12회 미만: 1점	
마.	혼인기간 (신혼부부에 한함)	3년 이하: 3점 3년 초과 5년 이하: 2점 5년 초과 7년 이하: 1점	예비신혼부부, 한부모가족은 선택 불가
	자녀의 나이 (한부모가족에 한함)	2세 이하(만3세 미만): 3점 2세 초과 4세 이하(만5세 미만): 2점 4세 초과 6세 이하(만7세 미만): 1점	가장 어린 자녀의 나이 기준으로 하되, 태아인 경우 가점선택 불가. 신혼부부/예비신혼부부는 선택 불가

출처: LH청약센터

| 예외사항 |

신특에 적용되는 몇 가지 예외사항들을 보겠습니다. 신특은 혼인신고 전에 주택을 몇 채 소유했어도 상관없이 혼인신고 후 무주택이면 대상자가 됩니다. 물론 생초 특공은 안 되겠죠? 전용 20m² 이하의 주택을 소유하고 있어도 무주택자로 보니 특별공급에 도전할 수 있습니다. 만 60세 이상 직계존속이 주택을 여러 채 소유하고 있더라도 무주택자로 간주합니다. 민간분양, 공공분양 모두 공통입니다.

신혼희망타운

| 신혼희망타운은? |

신혼부부 특별공급과 신혼희망타운이 많이 헷갈리죠? 둘 다 신혼부부를 위한 특별공급이지만 성격이 약간 다릅니다. 이번에 3기 신도시 물량 중 신혼희망타운이 꽤 있어서 관심이 많을 테니 좀 자세히 살펴보겠습니다.

신혼희망타운은 육아와 보육 중심으로 건설한 후 전체 물량을 신혼부부 등에게 공급하는 신혼부부 특화형 국민주택입니다. 민영주택이 아니라는 것에 주의하세요. 신혼부부 특공은 국민주택도 있고, 민영주택도 있지만 신혼희망타운은 국민주택만 있습니다. 2022년까지 총 15

만 호를 공급할 계획이 잡혀있고, 3기 신도시 물량에도 꽤 많이 들어갑니다. 하지만 결론부터 말하면 개인적으로 신혼부부 특별공급을 추천합니다. 왜 그런지는 지금부터 설명하겠습니다.

출처: 국토부 보도자료

| 신혼희망타운의 특징 |
신혼부부 특별공급을 더 추천하는 이유

3기 신도시에서도 핵심 위치인 성남 복정, 의왕 청계, 위례, 성남 낙생, 과천 주암 등에 신혼희망타운이 들어갑니다. 입지도 좋은데 왜 추천하지 않을까요?

첫 번째, 기금과 시세차익의 10~50%를 공유해야 합니다.

대출비율, 대출기간, 자녀수에 따라 기금과 시세차익을 공유합니다. 양도세는 별도로 내야 하는데, 기금과 공유한 시세차익을 빼고 계산하지 않습니다. 기금이 가져간 시세차익에 해당하는 양도세도 내가 낸다는 거죠. 차 떼고 포 떼고 나면 남는 게 없습니다. 이렇게 말하는 사람도 있을 겁니다. "자녀 2명 낳고, 오래오래 살면 되겠네!" 하지만 더 들어보세요.

대출 기간 (년)	LTV 70%			LTV 50%			LTV 30%		
	자녀0	자녀1	자녀2	자녀0	자녀1	자녀2	자녀0	자녀1	자녀2
1~9	50%	40%	30%	40%	30%	20%	30%	20%	10%
14	40%	30%	20%	30%	20%	10%	20%	15%	10%
19	30%	20%	10%	20%	15%	10%	20%	15%	10%
24 이상	20%	15%	10%	20%	15%	10%	20%	15%	10%

임대형 최저 연 1.2% 금리로 최장 10년간 임차보증금의 80%까지 지원(신혼부부 전용 전세자금)
※ 혼인기간 7년 이내인 가구 또는 결혼예정자와 배우자예정자로 구성될 가구
※ 자세한 대출내용은 주택도시기금 홈페이지(http://nhuf.molit.go.kr/) 참조

출처: 신혼희망타운 공식 홈페이지

두 번째, 크기가 작습니다.

작은 건 전용 46m², 큰 건 전용 55m², 더 큰 건 가끔이긴 하지만 전용 59m²까지 나옵니다. 이런 집에서 자녀를 2명 정도 낳고 오래 살 수 있을까요? 물론 가능하다면 최고의 선택지입니다. 일단 입지가 좋습니다. 게다가 요즘 같은 금리 상승기에 연 1.3%라는 고정금리로, 최장 30년간 집값의 30~70%까지, 총 대출한도 4억까지 대출을 받을 수도 있습니다. 저금리에 대출까지 빵빵하게 나오니 자금이 적더라도 걱정이 없지요.

하지만 특별공급은 평생에 한 번밖에 쓸 수 없는 기회라는 걸 기억하세요. 굳이 신혼희망타운에 써서 시세차익을 기금과 공유하지 말고, 신혼부부 특별공급으로 온전히 수익을 가져가는 게 좋다고 봅니다. 어차피 신혼희망타운도 가점제라서, 높은 가점이라면 신특 당첨 가능성도 클 테니까요. 같은 값이면 신특으로 가세요.

46m² 기본형
거실/침실2 분리
※ 평묵주택은 기본형(분리형) 또는 확장형으로 일괄 공급되며, 적용여부는 개별지구 평묵주택 홈페이지를 참고하시기 바랍니다

55m² 기본형
드레스룸/팬트리 분리
※ 평묵주택의 공간선택은 기본형(분리형)또는 확장형으로 일괄 공급되며, 적용여부는 개별지구 평묵주택 홈페이지를 참고하시기 바랍니다

| 선정 방법 |

신혼희망타운 당첨자는 크게 1단계와 2단계로 나눠서 선발합니다.

1단계 1단계는 건설량의 30%를 혼인기간이 2년 이내이거나 만 2세 이하의 자녀를 둔 신혼부부, 예비신혼부부, 만 2세 이하의 자녀를 둔 한부모가족에게 우선 배정합니다.

가구소득, 해당 시도 연속거주기간, 주택청약종합저축 납입인정 횟수가 가점항목이며 총 9점 만점으로 구성됩니다. 해당 시도 연속거주기간과 주택청약종합저축은 만점을 받기가 상대적으로 쉽습니다. 당첨 여부는 가구소득에서 갈립니다. 가구소득까지 70%(맞벌이 80%) 이하여야 9점을 받을 수 있고, 웬만한 곳들은 다 9점에서 추첨합니다. 내가 만점이 아니라면 이미 1단계에서 당첨이 어렵다고 봐야 합니다. 사실 위례나 과천처럼 인기 많은 곳은 9점 만점이어도 그 안에서 경쟁이 치열합니다.

해당 시도 연속거주기간 가점을 산정할 때는, 예를 들어 과천에 산다고 하면 과천에 2년 이상 거주했을 때 만점으로 인정됩니다. 다른 경기도 지역이나 타지역으로 가면 연속거주기간이 사라지니 잘 계산해야 합니다.

2단계 건설량의 나머지 70%가 대상입니다. 1단계 우선공급에서 떨어진 사람, 혼인기간 2년 초과 7년 이내이거나 만 3세 이상 만 6세 이하 자녀를 둔 신혼부부, 만 3세 이상 만 6세 이하 자녀를 둔 한부모가족을 대상으로 가점 순으로 선정합니다. 가점항목은 미성년 자녀수와 무주택기간이 추가되고, 가구소득은 빠지게 됩니다.

총 12점 만점으로 구성되며, 2단계 점수는 최소 11점은 되어야 인기 있는 곳에 당첨될 수 있습니다. 신혼희망타운은 입지에 따라 커트라인 점수 차이가 크기 때문에 애매하게 가점이 8~9점이라면 차라리 신혼부부 특공을 노려보세요.

내가 자녀를 2명 이상 낳을 계획이고, 작은집에서 오래 사는 게 불편하지 않고, 1단계 9점, 2단계 11점 이상이라면 신혼희망타운에 청약해도 됩니다. 하지만 이 조건 중 하나라도 해당하지 않는다면 신혼부부 특공을 적극적으로 추천합니다.

분양형 신혼희망타운 입주자 선정방법

1단계 : 30% (우선공급)

건설량의 30%를 혼인기간 2년 이내이거나 2세 이하(만 3세 미만)의 자녀를 둔 신혼부부, 예비신혼부부, 2세 이하(만 3세 미만)의 자녀를 둔 한부모가족에게 아래 가점 다득점 순으로 우선 공급합니다.

가점항목	평가요소	점수	비고
(1) 가구 소득	① 70% 이하 ② 70% 초과 100% 이하 ③ 100% 초과	3 2 1	(예비) 배우자 소득이 있는 경우 80% 이하 (예비) 배우자 소득이 있는 경우 80%~110% (예비) 배우자 소득이 있는 경우 110% 초과
(2) 해당 시·도 연속 거주기간	① 2년 이상 ② 1년 이상 2년 미만 ③ 1년 미만	3 2 1	신청자가 공고일 현재 ○○(시는 특별시·광역시·특별자치시 기준이고, 도는 도·특별자치도 기준)에서 주민등록표등본상 계속해서 거주한 기간을 말하며 해당 지역에 거주하지 않은 경우 0점
(3) 주택청약 조합저축 납입인정 횟수	① 24회 이상 ② 12회 이상 23회 이하 ③ 6회 이상 11회 이하	3 2 1	입주자저축(청약저축 포함) 가입 확인서 기준

출처: 신혼희망타운 공식 홈페이지

분양형 신혼희망타운 입주자 선정방법

1단계 : 70% (잔여공급)

나머지 70%를 위 우선 공급 낙첨자, 혼인 기간 2년 초과 7년 이내이거나 3세 이상 6세 이하 자녀를 둔 신혼부부, 3세 이상 6세 이하 자녀(만 3세 이상 만 7세 미만)를 둔 한부모 가족을 대상으로 아래 가점 다득점 순으로 공급합니다

가점항목	평가요소	점수	비고
(1) 미성년 자녀수	① 3명 이상 ② 2명 ③ 1명	3 2 1	태아(입양)포함
(2) 무주택기간	① 3년 이상 ② 1년 이상 3년 미만 ③ 1년 미만	3 2 1	주택공급신청자의 나이가 만 30세가 되는 날(신청자가 그 전에 혼인한 경우 최초 혼인신고일로)부터 공고일 현재까지 무주택세대 구성원 전원이 계속해서 무주택인 기간으로 산정 ※ 공고일 현재 만30세 미만이면서 혼인한 적이 없는 분은 가점 선택불가
(3) 해당 시·도 연속 거주기간	① 2년 이상 ② 1년 이상 2년 미만 ③ 1년 미만	3 2 1	신청자가 공고일 현재 ○○(시는 특별시·광역시·특별자치시 기준이고, 도는 도·특별자치도 기준)에서 주민등록표등본상 계속해서 거주한 기간을 말하며 해당 지역에 거주하지 않은 경우 0점
(4) 주택청약 조합저축 납입인정 횟수	① 24회 이상 ② 12회 이상 23회 이하 ③ 6회 이상 11회 이하	3 2 1	입주자저축(청약저축 포함) 가입 확인서 기준

※ 동점자 발생시 추첨 선정(1, 2단계 가점제 공통사항)

출처: 신혼희망타운 공식 홈페이지

다자녀 특별공급

다자녀 특별공급

- 국민, 민영 투기과열지구 내 9억 원 이하
- 국민 10% / 민영 10%
- **미성년 자녀 3명 이상(태아, 입양자녀 포함)**
- **당해지역 50%, 수도권 50%**
- 무주택 세대구성원(**세대원** 청약 가능)
- 청약통장 6개월 이상, 6회 이상(국민)
- 소득기준 120% 이하, 자산조건 충족(부동산 2.155억 / 차량 3,557만 원)

●공공분양에 추가된 자격조건

| 다자녀 특별공급은? |

특공 중에서 가장 당첨 확률이 높은 것이 다자녀입니다. 특공 중 유일하게 다자녀만 예외적으로 실제로 거주하고 있는 당해가 아니더라도 50% 기타지역 배정물량이 있기 때문입니다. 지금 인천에 거주하고 있더라도 서울에서 분양하는 다자녀 물량 중 50%는 배정받을 수 있는 겁니다. 서울 2년 이상 당해 50%를 배정하고, 나머지 기타지역 수도권에 50%를 배정합니다.

| 자격조건 | 소득기준 |

민간분양 다자녀 특공은 소득 및 자산기준이 없으며, 공공분양 다자녀 특공만 소득 및 자산기준 조건이 붙습니다. 세대주뿐만 아니라 세대원도 청약할 수 있고, 청약통장에 가입한 지 6개월 이상이 되었으면 기본 자격조건이 됩니다.

| 선정 방법 |

다자녀 특별공급 당첨자 선정 방법은 가점제로, 민간분양과 공공분양이 같습니다. 미성년 자녀수, 영유아 자녀수, 세대구성, 무주택기간,

해당 시도 거주기간, 입주자 저축 가입기간을 봅니다. 이 중 해당 시도 거주기간은 다른 공급들과는 다르게 기타지역까지 포함해서 범위가 넓습니다. 예를 들어 수도권으로 본다면 인천에 2년, 경기도에 3년, 서울에 4년 거주했어도 총 해당 시도 거주기간이 8년으로 계산됩니다. 자녀수가 많고 자녀들이 어리다면, 고가점을 받기가 상대적으로 쉽죠.

다들 점수가 좋으니 인기 있는 곳에 당첨되려면 최소 75~80점 정도는 되어야 합니다. 85점이면 골라갈 수 있고, 70점대라도 전략을 세우면 충분히 가능합니다. 유명했던 과천 지정타 커트라인이 대부분 80~85점이었고, 고덕강일이 75~80점, 세종 자이가 70점 정도였습니다. 조금만 신경 써도 높은 가점을 받을 수 있으니 자녀를 3명 이상 계획하고 있다면 가점 관리를 잘하길 바랍니다.

하지만 신혼부부 특별공급 자녀 3명 vs 다자녀 자녀 3명이면 신특으로 쓰는 게 유리합니다. 신특은 아무리 인기 있는 곳이라도 대부분 자녀 2명인 경우가 많으니, 3명이면 웬만하면 합격선입니다. 단, 당해요건이 안된다면 기타지역에 배정물량이 있는 다자녀로 쓰는 게 훨씬 유리하겠죠? 수도권에 거주하면 다자녀는 기회가 정말 많으니 조금만 공부해도 쉽게 청약에 당첨될 수 있습니다.

민간분양 & 공공분양 다자녀 배점표

평점요소	총배점	배점기준		비고
		기준	점수	
계	100			
미성년 자녀수(1)	40	미성년 자녀 5명 이상	40	* 자녀(태아, 입양아, 전혼자녀 포함)는 입주자모입공고일 현재 만 19세 미만 의 미성년자인 경우만 포함
		미성년 자녀 4명	35	
		미성년 자녀 3명	30	
영유아 자녀수(2)	15	영유아 3명 이상	15	* 영유아(태아, 입양아, 전혼자녀 포함) 는 입주자모집공고일 현재 만 6세 미 만의 자녀
		영유아 2명	10	
		영유아 1명	5	
세대구성(3)	5	3세대 이상	5	* 공급신청자와 직계존속(배우자의 직 계존속을 포함하며 무주택자로 한정) 이 입주자모집공고일 현재로부터 과거 3년 이상 계속하여 동일 주민등록표 등본에 등재
		한부모 가족	5	* 공급신청자가 『한부모가족지원법 시 행규칙』 제3조에 따라 여성가족부 장 관이 정하는 한부모 가족으로 5년이 경과된 자
무주택기간 (4)	20	10년 이상	20	* 배우자의 직계존속(공급신청자 또는 배우자와 동일 주민등록표등본에 등재 된 경우에 한정)도 무주택자이어야 하 며, 무주택기간은 공급신청자 및 배우 자의 무주택기간을 산정 * 공급신청자가 성년(만 19세 이상, 미 성년자가 혼인한 경우 성년으로 봄)이 되는 날부터 계속하여 무주택인 기간 으로 산정하되 공급시청자 또는 배우 자가 주택을 소유한 사실이 있는 경우 에는 그 주택을 처분한 후 무주택자가 된 날(2회 이상 주택을 소유한 사실이 있는 경우에는 최근에 무주택자가 된 날을 말함)부터 무주택 기간 산정
		5년 이상 ~10년 미만	15	
		1년 이상 ~5년 미만	10	

		10년 이상	15	* 공급신청자가 성년자(만 19세 이상,
해당 시·도 거주기간(5)	15	5년 이상 ~10년 미만	10	미성년자가 혼인한 경우 성년으로 봄) 로서 해당 지역에 입주자모집공고일 현 재까지 계속하여 거주한 기간을 산정
		1년 이상 ~5년 미만	5	※ 시는 광역시·특별자치시 기준이고, 도는 도·특별자치도 기준이며, 수도권의 경우 서울·경기·인천지역 전체를 해당 시·도로 본다.
입주자저축 가입기간(6)	5	10년 이상	5	입주자모집공고일 현재 공급신청자의 가입기간을 기준으로 하며 입주자저 축의 종류, 금액, 가입자명의 변경을 한 경우에도 최초 가입일 기준으로 산정

(1), (2) : 주민등록표등본이나 가족관계증명서로 확인(이혼·재혼의 경우 자녀가 동일한 주민등록표상에 등재된 경우(공급신청자와 동일한 세대별 주민등록표상에 등재되어 있지 아니한 공급신청자의 배우자와 동일한 세대를 이루고 있는 경우도 포함)에 한함)
(3) : 한부모 가족의 경우 한부모 가족증명서로 확인
(3), (4) : 주택소유 여부 판단 시 『주택공급에 관한 규칙』 제53조를 적용
(4), (5) : 주민등록표등본이나 주민등록표초본으로 확인
(6) : 입주자저축 가입확인서로 확인
※ 동점자 처리 ① 미성년 자녀수가 많은 자 ② 자녀수가 같을 경우 공급신청자의 연령(연월일 계산)이 많은 자

노부모 특별공급

노부모 특별공급

- 국민, 민영 투기과열지구 내 9억 원 이하
- 국민 5% / 민영 3%
- **만 65세 이상의 직계존속을 3년 이상 부양한 사람**
- 1순위, 지역별 면적별 예치금 충족
- 무주택 세대구성원(**세대주**만 청약 가능)
- 청약통장 24개월 이상, **24회 이상(국민)**
- 소득기준 **120% 이하**, 자산조건 충족(부동산 2.155억 / 차량 3,557만 원)

● 공공분양에 추가된 자격조건

| 노부모 특별공급은? |

노부모 특별공급은 만 65세 이상의 노부모를 3년 이상 부양했다면 쓸 수 있는 효자 특공입니다. 주의해야 할 점이 있습니다. 앞에서 부모님의 연세가 만 60세를 넘으면 무주택자로 인정한다는 예외사항이 있었는데, 노부모 특공에는 적용되지 않습니다. 만 60세 이상의 부모님이 주택을 소유하고 있다면 일반공급에선 문제가 없지만 노부모 특공은 쓸 수 없습니다.

물량 자체가 국민주택 5%, 민영주택 3%라 워낙 적지만 그만큼 지원자도 적기 때문에 신혼부부 특별공급이나 생애최초 특별공급보다 경쟁률이 낮게 형성됩니다. 신특, 생초 특공 자격조건이 완화된 만큼 다자녀와 노부모 특공의 메리트는 올라갈 것이고, 경쟁률은 훨씬 더 낮아서 당첨 확률이 높습니다. 부모님과 함께 사는 분들이라면 도전해보세요.

| 자격조건 |

부모님과 등본상 같은 주소에 있어야 합니다. 주의할 것은 실제로 함께 거주했어도 등본상 주소가 다르면 인정되지 않습니다. 노부모 특공의 자격조건은 1순위와 마찬가지로 세대주 요건을 갖추어야 하고, 청약통장 가입기간도 24개월 이상 충족했어야 합니다.

| 선정 방법 |

가점 산정방식은 1순위와 같습니다. 민간분양에서는 가점 순으로, 공공분양에서는 총납입인정금액 순으로 당첨자를 선정합니다. 아무래도 추가적인 자격조건을 만족해야 해서 일반공급보다는 커트라인이 상대적으로 낮게 형성됩니다. 사업지에 따라 다르지만 보통 민간분양 일반공급 가점 커트라인보다 5~10점 정도 차이가 난다고 보면 됩니다. 가점항목 및 점수에 대한 자세한 내용은 167쪽을 참고하세요.

기관추천 특별공급

기관추천 특별공급

- 국민, 민영 85m² 이하, 투기과열지구 내 9억 원 이하
- 국민 15% / 민영 10%
- 국가유공자, 보훈대상자, 중소기업근무자, 장애인 등
- 무주택 세대구성원(**세대원** 청약 가능)
- 청약통장 6개월 이상, 6회 이상(**국민**)
  장애인, 철거민, 국가유공자, 이전기관 종사자, 외국인 청약통장 필요 없음
- 소득기준 및 **자산조건 충족(부동산 2.155억 / 차량 3,557만 원)**

●공공분양에 추가된 자격조건

* 보험개발원: www.kidi.or.kr

| 기관추천 특별공급은? |

기관추천 특별공급은 국가유공자, 장애인, 북한이탈주민, 장기복무 제대군인, 10년 이상 복무 군인, 중소기업 근로자, 우수 선수, 우수 기능인, 공무원, 의사상자, 다문화가족, 체육유공자, 영구귀국과학자, 올림픽 등 입상자, 공공사업 등의 철거주택 소유자 또는 거주자 등을 대상으로 합니다. 해당하는 기관에 등록하면 기관장이 정하는 우선순위 가점에 따라서 추천자가 결정됩니다. 많이 사용하는 것은 장애인 특별공급, 중소기업 특별공급입니다.

| 자격조건 | 소득기준 |

기관추천 특공은 세대주뿐만 아니라 세대원도 청약할 수 있으며, 청약통장 6개월 이상이면 됩니다. 공공분양에서는 자산조건도 충족해야 하는데 부동산 2.155억은 공시지가로 확인하면 되고, 차량가액은 보험개발원에서 확인할 수 있습니다. 자산요건은 매년 높아지고 있으니 여러분이 이 책을 보는 시점에 따라 달라질 수 있습니다. 그때그때 입주자모집공고를 자세히 확인하세요. 현재 차량가액은 3,557만 원이 기준입니다. 차를 여러 대 소유하고 있다면 최고가가 3,557만 원만 넘지 않으면 됩니다. 3,000만 원짜리 차 10대를 소유하고 있어도 그 중 한대가 3,557만 원을 넘지 않으면 차량기준은 충족한 것으로 봅니다.

장애인 특별공급

| 장애인 특별공급은? |

기관추천 특공 중 가장 많이 사용하는 것이 장애인 특별공급과 중소기업 특별공급입니다. 먼저 장애인 특별공급에 대해 자세히 알아보겠습니다.

장애인 특별공급은 입주자모집공고일 전에 공고가 먼저 나오기 때문에, 분양가랑 평면도를 모르는 채 청약을 해야 합니다. 상황이 이렇다 보니 막상 당첨돼도 예상보다 비싼 분양가 때문에 취소하는 사람들이 많고, 그러면 6개월 재추첨 제한을 받게 되니 신중해야 합니다. 정확히는 아니라도 재개발, 재건축 사업지라면 대략적인 평면도와 분양가를 알 수 있습니다. 해당 조합에 문의하거나 조금만 인터넷 검색을 하면 확인할 수 있으니 신청 전에 꼭 확인하세요.

정확한 일정은 관련 사이트에서 확인할 수 있습니다. 특히 서울은 '특별공급 알리미 서비스'를 신청하면 일정이 올라올 때 문자로 안내해주는 서비스를 제공합니다. 꼭 신청해서 청약일정을 놓치지 마세요.

장애인 특별공급 청약일정 확인하기
서울: wis.seoul.go.kr
경기: gg.go.kr
인천: incheon.go.kr

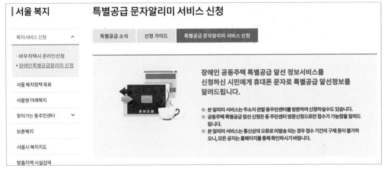

출처: 서울복지포털 wis.seoul.go.kr

| 자격조건 |

서울시 장애인 특별공급 자격조건을 보면 만 19세 이상 성년이어야 하고, 신청인의 서울시 거주기간 3개월 이상, 세대구성원 전원이 무주택이면 됩니다. 다른 조건은 기관추천 특별공급에 맞추면 되니 앞쪽을 참고하세요.

| 선정 방법 |

장애인 특별공급은 가점제입니다. 가점표를 보면 신청자의 장애 정도, 무주택 세대구성원 기간, 세대원 중 장애인 유무, 만 65세 이상인 장애인 유무, 세대원 구성, 특별공급 건설시군 거주기간으로 산정합니다. 보통 좋은 곳에 당첨되려면 최소 70점 이상은 돼야 하지만 지역마다 커트라인이 다르니 확인해보고 청약하세요.

서울은 인구가 많은 만큼 가점 커트라인도 가장 높습니다. 가점이 낮더라도 예비는 추첨으로 뽑으니 넣지 않을 이유가 없죠. 가점이 낮다고 주눅 들지 말고 공격적으로 청약하세요. 다른 특공과 달리 많이들 선호하는 84타입, 판상형, 남향 등의 조건을 갖춘 타입의 커트라인이 더 높지는 않습니다. 아무래도 모집하는 세대수가 적다 보니 소수인 몇 명으로 커트라인이 결정되기 때문입니다. 전체적으로 보면 비인기 타입의 커트라인이 낮지만, 일반특공이나 일반공급에 비하면 인기 타입의 커트라인이 낮을 확률도 종종 있습니다. 그래서 청약에 천천히 당첨되더라도 좋은 걸 하고 싶은 사람이라면 상향지원도 나쁘지 않습니다. 개인적으로는 비인기 타입에 넣어 당첨 확률을 높이라고 추천합니다.

<서 식 4> 주택 알선 순위 배점 신청 및 확인서

평점요소	신청인	점수	배 점 기 준		비 고
			기 준	점 수	
신청자 장애정도	( )	( )점	중증(중복)	20	중증(1~3급, 경증(4-6급) 단, 지적장애 · 정신장애 및 장애의 정도가 심한 뇌병변 장애인의 경우 무주택인 배우자 포함
			중증(단순)	17	
			경증(중복)	12	
			경증(단순)	9	
무 주 택 세 대 구 성 원 기 간	( )년	( )점	10년 경과자	30	• 장애인 등록일로부터 세대 전부가 무주택인 기간 • 신청자거증 책임
			8년 경과자	20	
			6년 경과자	10	
			4년 경과자	5	
			2년 경과자	2	
			2년 미만자	0	
세 대 원 중 장애인 유·무	( )명	( )점	세대원 중 장애인이 있는 가구	2인 이상 / 10 1인 / 5	• 신청자 미포함
65세 이상인 장애인 유무	( )명	( )점	65세 이상 장애인 세대원이 있는 가구	5	• 신청자 미포함
세대원 구성	( )명	( )점	5인 이상	20	• 신청자 포함
			4인	16	
			3인	12	
			2인	8	
			단독세대	4	
특 별 공 급 건 설 시 군 거 주 기 간	( )년	( )점	5년 이상	15	• 특별공급 해당 건설 시군에서 연속하여 거주한 기간 ex)수원시 건설 아파트 신청시 수원시에 현재 거주기간 • 인천 등 경기도 외 타 시도 아파트 신청시 0점 처리
			4년 이상	12	
			3년 이상	9	
			2년 이상	6	
			1년 이상	3	
			1년 미만	1	
			거주기간 없음	0	
최 종 점 수			( )점		

출처: 경기도청 홈페이지 www.gg.go.kr

중소기업 특별공급

| 중소공급 특별공급은? |

기관추천 특공 중 가장 많이 사용하는 것이 장애인 특별공급과 중소기업 특별공급입니다. 이번에는 중소기업 특별공급에 대해 조금 더 알아보겠습니다.

말 그대로 중소기업에 다니는 사람들을 위한 특공입니다. 먼저 내 직장이 어떤 곳인지를 알아야겠죠? 본인의 직장이 중소기업인지 아닌지 잘 모르겠다면 중소벤처기업부 사이트를 참고하세요. 국번 없이 1357로 전화해 중소기업 여부를 문의해도 됩니다. 중소기업 특공 청약일정을 확인하려면 인터넷으로 중소벤처기업부에 접속한 후 검색창에 '장기근속자'라고 검색하세요. 중소기업 특공 관련 공고들이 쭉 나타나 살펴볼 수 있습니다. 전에 나왔던 단지들의 커트라인이 궁금할 때는 '추천명단'으로 검색하면 알 수 있습니다.

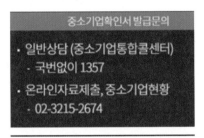

중소기업 특별공급 청약일정 확인하기
https://www.mss.go.kr

출처: 중소벤처기업부

| 자격조건 |

중소기업 특별공급은 현재 재직 중인 근로자로서 중소기업에 다닌 총 근무경력이 5년 이상 또는 동일한 중소기업에 3년 이상 근무한 경력을 가지고 있는 무주택 세대구성원을 대상으로 합니다. 근무경력은 4대 보험 가입내역서 등으로 확인 가능하며, 모집공고일 기준으로 무주택이어야 합니다. 다른 조건은 기관추천 특별공급에 맞추면 되니 앞쪽을 참고하세요.

| 선정 방법 |

중소기업 특별공급은 110점 만점을 기준으로 한 가점제입니다. 가점표를 보면 재직기간이 중요합니다. 오래 재직해서 70점 이상이라면 인기 많은 단지에도 청약할 수 있습니다. 아직 가점이 낮다면 예비번호 추첨을 노려보세요.

2021년부터 가점항목당 배점이 달라졌는데, 중소기업 재직기간이 60점에서 75점으로 상향되었습니다. 이전에는 무주택기간이 가점항목에 포함되지 않아서 주택을 처분한 지 얼마 되지 않았거나 두 번째 청약 당첨을 노리는 사람들에게 좋은 특공이었는데, 이번에 가점항목에 들어왔습니다. 크게 유의미한 점수는 아니고 5점 정도입니다.

중소기업 장기근속자 주택특별공급 배점표(총 110점 기준)

현행		개정
60점 현 직장(1년당 3점) 이전 직장 재직 기간(1년당 2점)	중소기업 재직기간	75점 (3×총 재직기간(1년마다))- (현재 직장 전에 재직한 중소기업 수×2)
5 중소기업 중 제조업 영위	제조 소기업 재직	5 제조업 영위, 다만 2개 이상 업종을 영위하면 주된 업종 기준 뿌리산업 업종 영위
5 훈·포장(5점), 대통령·총리(4점), 장관·청장 등(3점) 기초자치단체장(2점)	수상경력	5 동일
7 연구전담요원 재직중(7점) 대한민국명장·숙련기술전수자(5점) 우수숙련기술자(3점)	기술· 기능인력	5 연구전담요원 재직중(5점) 대한민국명장·숙련기술전수자(5점) 우수숙련기술자(3점) 중복되면 유리한 지위 1개만 인정
5 기술사 기능장(5점), 기사·산업 기사(4점), 기능사(3점)	자격증 보유	3 기술사 기능장(5점), 기사·산업 기사(4점), 기능사(3점)
5 뿌리산업 업종 영위 중소기업	뿌리산업 재직	제조 소기업 재직 항목으로 통합
5 1명(1점), 2명(3점), 3명 이상(5점)	미성년 자녀	5 동일
5 주택 반경 6km 이내 소재 기업 재직	주택 건설 지역 재직	5 동일
3 성과공제기금 가입 기간 총 5년 이상	성과공제 만기자	2 동일
-	무주택 기간	5 최근 5년간 주택을 소유한 사실이 없는 경우

출처: 중소벤처기업부

특별공급 암기 포인트 총정리

본인이 특공을 갖고 있어도 특공에 대한 이해가 부족해서 평생에 한 번뿐인 기회를 쓰지 못하는 사람이 많습니다. 초·중·고 12년 공부한 것보다 더 중요한 내용이니 꼭 숙지하세요. 한 번 더 강조하지만 특별공급 예비자는 추첨제로 선정합니다. 당해가 아니고 가점이 낮아도 예비 1번을 받을 수도 있다는 뜻이죠. 그러니 가점이 낮을수록 청약 범위를 넓혀 공격적으로 투자하세요. 가점도 낮은데 내가 직접 살 곳에만 청약한다는 건, 투자에서 가장 중요한 시간적 리스크가 너무 큽니다. 본인의 마인드를 바꾸거나 다른 전략을 세우는 게 바람직합니다.

특별공급의 기본조건은 주민등록등본 세대구성원 전원이 무주택이어야 한다는 것입니다. 투기과열지구 분양가 9억 초과 주택은 특별공급에서 제외되며, 민영주택, 국민주택 모두 9억 이하의 아파트만 특별공급 대상입니다. 현재는 9억이 고가주택의 기준입니다. 그러나 여러분이 이 책을 보는 시점에 따라 12억으로 바뀔 수도 있으니 꼭 확인한 후 진행하세요.

특별공급의 종류가 많다 보니 뭐가 뭔지 헷갈린다는 사람이 많습니다. 간단히 정리하면 다음과 같은데, 좀 더 자세한 것은 표로 정리해두었으니 참고하세요.

- 청약통장이 없어도 되는 특별공급은 기관추천!

- 가입기간이 6개월 이상이어야 하는 것은 신혼부부/다자녀
  가입기간이 24개월 이상이어야 하는 것은 생애최초/노부모

- 세대주만 청약 가능한 것은 생애최초/노부모
  세대원도 청약 가능한 것은 기관추천/신혼부부/다자녀

- 배정되는 물량이 많은 순서는 신혼부부 > 생애최초 > 기관추천 > 다자녀 > 노부모
  경쟁률이 높은 순서는 생애최초 > 신혼부부 > 노부모 > 다자녀 > 기관추천

	기관추천	생애최초	신혼부부	다자녀	노부모
대상주택	국민, 민영 전용 85m² 이하, 투기과열지구 내 9억 이하			국민, 민영 투기과열지구 내 9억 이하	
물량	국민 15%, 민영 10%	국민25%, 민영(공공택지 15%, 민간택지 7%)	국민 30%, 민영 20%	국민 10%, 민영 10%	국민 5%, 민영 3%
대상자	국가유공자, 보훈대상자, 중소기업근무자, 장애인	세대구성원 모두 생애 최초로 주택을 구입하는 분	혼인기간 7년 이내인 신혼부부	미성년인 자녀 3명 이상 (태아, 입양자녀 포함)	만 65세 이상의 직계존속을 3년 이상 계속 부양
자격	무주택 세대구성원	무주택세대구성원 (민영에서 생애최초, 신혼부부만 소득기준 충족 / 국민에서 소득기준, 자산기준 충족)			
청약통장	청약통장 6개월 이상(장애인, 철거민, 국가유공자, 이전기관 종사자, 외국인 등은 청약 통장 필요 X)	1순위 조건 충족 (예치금 충족, 청약통장 24개월 이상)	청약통장 6개월 이상		1순위 조건 충족 (예치금 충족, 청약통장 24개월 이상)
세대주 요건	세대원 가능	세대주	세대원 가능		세대주
선정방법	관련기관의 장이 정하는 우선순위 또는 배점으로 결정	100% 추첨	1. 당해 우선 2. 미성년 자녀수 3. 미성년 자녀수 가 동일한 경우 추첨 (국민은 배점)	배점 수도권 전체가 당해 (당해 50%, 수도권 50%)	일반공급과 동일

특공 없는 19점,
30대 윤테크의 청약 당첨기

첫 청약 당첨이었던 위례 이후 세대주로 독립했습니다. 그동안 부양가족 점수 때문에 합가해서 마음대로 청약도 넣을 수 없었는데, 이제는 어머니 집이 아니라 내 집 마련에 도전할 수 있게 된 거죠. 한 번 당첨이라는 성공을 맛보고 나니 더 열심히 공부하게 되더라고요.

30대 미혼인지라 특별공급 기회가 없어서 추첨제가 나오는 족족 다 넣어봤는데 역시 당첨되지 않았습니다. 추첨으로 당첨되는 건 확률이 정말 낮다는 걸 수없이 떨어지면서 몸소 알게 되었습니다. 하지만 포기하지 않고 닥치는 대로 청약했습니다. 청약시장에서 내 위치를 누구보다 잘 알기 때문에 일일이 따지지 않고, 오로지 주변시세 대비 안전마진이 얼마나 깔려 있는지만 봤습니다. 최소 1억 정도 보이면 무조건 다 도전했었죠.

20년 7월, 4개월간 열심히 닥치는 대로 청약을 넣던 와중 민간임대 예비 78번이 뜹니다. 이미 프리미엄이 형성되었던 터라 솔직히 예비가 78번까지 올 거라고는 생각하지 못했습니다. 계약 후 바로 팔아도 프리미엄을 챙길 수 있는데 누가 계약을 취소할까 싶었죠. 하지만 결과는 당첨! 이때 예비가 80번대까지 간 걸로 알고 있습니다. 생각보다 아무것도 모르고 청약한 사람도 많고, 공부가 제대로 되어 있지 않은 사람도 많았던 것 같습니다. 이곳은 21년 7월에 전매가 해제되었습니다. 그때 팔지 않고 지금까지 들고 있는 사람이 진정한 승리자죠. 제 포트폴리오 중 가장 효자 노릇을 하는 녀석입니다.

두 번의 당첨을 맛보고 나니 이제 누가 시키지 않아도 온종일 공부하고, 더 적극적으로 청약에 매달리기 시작했습니다. 얼마 되지 않아 송도에 무순위청약이 나오게 되었는데 결과는?

예비 당첨을 축하드립니다!

윤███님
84A(D11) 예비당첨 5번에 당첨 되셨습니다.

※ 계약일정 및 계약방법은 1811-9920을 통해 문의하시기 바랍니다.

당시에는 주변시세 대비 크게 메리트가 없던 곳이라, 가장 인기가 많은 84A로 넣었는데 경쟁률은 301:1이었습니다. 인생 살면서 이렇게 운 좋았던 적이 없었는데 예비 5번으로 당첨! 6명 모집했는데 앞에 5명이 포기해서 저까지 당첨 확정이었습니다. 이때로 돌아간다면 무조건 계약했을 텐데……. 그때는 지금보다 공부가 부족했고, 당시 송도 분위기도 좋지 않았습니다. 층도 전부 2층이었고, 분양가는 6억인데 전세가가 3.7억밖에 안 돼서 자금 역시 상당히 부담스러웠죠. 결국 포기했습니다.

현재 시세는 엄청나게 올랐습니다. 왜 부동산 공부를 해야 하는지 알겠죠? 뭐든지 아는 만큼 보입니다. 미래를 제대로 내다보지 못했고, 결국 가져갈 수 있는 수억의 시세차익을 다른 사람한테 넘긴 셈입니다. 제 인생에서 가장 큰 운이 작용했었고, 좋은 기회를 놓쳤던 아쉬움이 많이 남는 청약지였습니다.

하지만 아쉬운 만큼 더 열심히 청약한 결과 그로부터 2개월 후에 또 좋은 소식이 들려옵니다. 고덕국제신도시 아파트 당첨! 송도를 버렸던 아쉬운 마음이 싹 가시더군요. 여기는 경쟁률이 7:1 정도였는데 고덕국제신도시에 관한 공부가 부족하면 선뜻 손이 나가는 입지가 아닙니다. 저는 임장도 자주 다녔고, 충분히 필요한 공부가 되어 있었기 때문에 별다른 고민 없이 계약까지 진행했습니다. 현재 결과요? 지금은 전매제한에 걸려 있어서 정확한 시세를 알 수는 없지만, 고덕국제신도시 전용면적 84m² 시세가 분양가 대비 2배 이상 올랐습니다. 당시 분양가가 전용면적 59m² 기준 3억이었으니 시세차익이 보이죠?

당시 주변 사람들에게도 권했었는데 다들 내켜 하지 않았습니다. "평택이라 서울이랑 너무 멀어, LH 공공분양이라 좀 그래, 25평 단일 평형이면 인기 없는 거 아냐?" 등 온통 부정적인 반응이었죠. 모든 희망사항을 담은 사업지에 당첨되고 싶으면 그에 맞는 청약가점과 자금이 있어야 합니다. 내 위치는 수능 4등급인데 서울대만 바라보고 있다고 갈 수 있을까요? 청약은 가점 대비 가성비 싸움입니다.

이게 다가 아닙니다. 열심히 청약하고 있던 21년 3월, 좋은 소식이 한 번에 2개나 들려옵니다. 동생하고 나란히 신아산 모아엘가 2차 당첨! 여기도 역시 전략적으로 경쟁률이 몰릴 것을 알고 84타입이 아닌 59타입으로 도전했습니다. 59

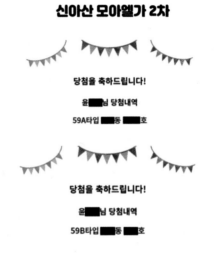

타입이라도 경쟁률이 40:1이었는데 둘 다 당첨된 게 아직도 신기합니다. 여기는 민간임대라 주택수에 포함되지도 않고 전매도 자유롭습니다. 프리미엄이 바로 형성되었기 때문에 바로 전매해도 됐지만, 저는 웬만하면 좋은 자산은 팔지 않습니다. 황금알을 낳아줄 수 있는 좋은 황금거위들은 평생 갖고 가야죠.

그래서 현재 제가 가진 주택은 분양권으로만 3주택입니다. 사실 이것 외에도 섹션 오피스, 상가 등의 당첨 경험이 있습니다. 이때는 더 공부해서 아파트 청약뿐만 아니라 민간임대, 오피스텔, 생활형 숙박시설, 상가 등으로 범위를 넓혔습니다. 흔히들 아파트 청약만 있는 줄 알지만, 청약통장이 없어도 되고 다주택자도 쓸 수 있는 청약이 있습니다. 이런 청약도 있다는 걸 아는 사람은 많지 않습니다. 뒤에서 자세히 다룰 테니 걱정하지 마세요.

PART

3

그래서 뭐부터 시작하면 되지?
실전 청약 기술

Step 1.
분양일정 확인하기

지금부터는 실제로 청약에 도전하려면 어떻게 하면 되는지를 알아보 겠습니다. 실제 진행순서 그대로 설명하니 중간중간 잘 이해되지 않는 부분은 앞에 있는 내용을 참고하세요. 시작합시다.

일단 청약할 수 있는 곳이 어디 어디인지를 알아야죠? 앞으로의 분 양일정은 각 건설사 홈페이지에 들어가면 확인할 수 있습니다. 예를 들 어 송도 자이 더 스타의 분양일정이 궁금하다면 자이 홈페이지에 들어 가서 분양일정을 보면 됩니다. 하지만 일일이 건설사 홈페이지에서 확 인하기는 번거로우니 분양일정을 한눈에 볼 수 있는 부동산114, 청약 홈, 리얼캐스트, 닥터아파트 등을 추천합니다.

부동산114
– 가장 많은 정보를 한꺼번에 볼 수 있다! www.r114.com

저 역시 가장 많이 사용하는 곳입니다. 부동산114 사이트에 들어가면 아파트 청약뿐만 아니라 오피스텔, 도시형 생활주택, 민간임대 등의 정보까지 받아볼 수 있습니다. 오픈일, 공고일, 접수일, 발표일, 계약일 등 구체적인 정보도 확인할 수 있어서 정말 편합니다. 하지만 분양일정은 시에서 승인을 받아야 하고, 분양가 산정에 시간이 걸리기 때문에 제날짜에 분양하는 경우는 극히 드물다는 걸 기억해두세요. 항상 분양 일정보다는 연기된다고 생각해야 합니다. 2020년부터 분양한다던 이문, 장위는 2022년인 지금까지도 연기되고 있습니다. 그래서 내가 원하는 곳만 청약을 노리면 언제 당첨될 수 있을지 모른다고 하는 겁니다. 느긋하게 기다릴 수 있는 고가점자가 아니라면, 내 가점에 맞는 곳이면 어디든 분양이 나오는 대로 많이 청약하는 것이 좋습니다. 물론 따져보기는 해야죠.

분양일정

지역	🔍 시,구,동 등을 입력하세요.	⊗

달력 [월단위] [주단위]   **분양일정** [전체] [오픈] [공고] [접수] [발표] [계약]

분양종류 [전체] [아파트] [오피스텔] [도시형생활주택]

◀ 2021 ▼ 년 9 ▼ 월 ▶

1 2 3 4 5 6 7 8 9 **10** 11 12 13 14 15 16 17 18 19 20 21 22 23 24 25 26 27 28 29 30

✓ 날짜순 ↑ | 입주시기순

날짜	일정	분양종류/형태	단지명/소재지	공급/전용(㎡)	분양가(만원)	분양/입주시기
09.03 (금)	오픈	아파트 민간분양	힐스테이트동인 중구 동인동1가	114B/84B ~ 120C/84C	60,530~ 63,720	2021.09 분양 2025.05 입주
09.03 (금)	오픈	오피스텔 민간분양	힐스테이트동인 중구 동인동1가	-/-	미정	2021.09 분양
09.03 (금)	오픈	아파트 민간분양	힐스테이트대구역퍼스트2차 중구 태평로3가	113C/84C ~ 116B/84B	55,000~ 57,200	2021.09 분양 2025.05 입주

한국부동산원 청약홈
- 입주자모집공고를 가장 빨리 볼 수 있다!

www.applyhome.co.kr

입주자모집공고가 나오면 청약홈에 가장 먼저 올라옵니다. 청약홈에 접속해서 '청약일정 및 통계 - 분양정보/경쟁률 - APT(아파트)'를 누르면 다음 화면이 나타납니다. 여기서 '주택명'을 선택하면 공급위치, 공급규모, 사업주체 문의처, 분양일정, 입주자모집공고문을 모두 확인할 수 있습니다. 특별공급 및 1순위 경쟁률은 접수일 20시쯤에 게시됩니다.

Step 2.
입주자모집공고문 정복하기

모든 청약자격의 판단기준은 입주자모집공고일! 그래서 입주자모집공고가 아주 중요합니다. 입주자모집공고문을 줄여서 '입공'이라고들 부릅니다. 입공은 바로 앞 페이지에서 설명한 '한국부동산원 청약홈'에서 찾아볼 수 있으니 참고하세요. 입공에는 해당 사업지에 대한 모든 정보가 들어 있습니다. 입공만 제대로 읽어도 절대 부적격이 나오지 않을 테지만, 처음에는 글씨가 너무 빼곡해서 읽을 엄두조차 나지 않을 겁니다. 그래도 꾹 참고 한 번만 제대로 정독해보세요. 다음 사업지부터는 빠르게 원하는 내용이 눈에 들어옵니다.

입주자모집공고문에서 꼭 필요한 부분을 하나씩 보면 ① 분양 개요 ② 분양일정 ③ 분양물량 및 분양가 ④ 옵션 계약 세부사항입니다. 여기에 추가로 본다면 ⑤ 특별공급 신청자격 및 당첨자 선정 방법 ⑥ 일반공급 신청자격 및 당첨자 선정 방법 ⑦ 당첨자 발표 및 계약 체결에 필요한 구비서류 ⑧ 단지 여건 사항 ⑨ 보증기관 및 사업주체 등이 있습니다. 지금부터 하나씩 훑어보겠습니다.

영동 푸르지오 트레센츠 A1BL

지하 3층, 지상 9~24층 13개동 총 796세대 민간분양

84Am² 75세대 / 84Cm² 205세대 / 84Dm² 133세대 / 105Am² 251세대 / 105Bm² 132세대

일정		특징	제한사항	자금계획
모집공고일	2022.05.04(수)	투기과열지구	분양가상한제 적용	계약금 20% 중도금60% 잔금20%
특별공급	2022.05.16(월)	수원 2년 이상 100%	전매제한 8년	
1순위	2022.05.17(화)	안전마진 84m² 1억 이상	거주의무 3년	
당첨자발표	2022.05.26(목)	85m²이하 가점제 100% 85m²초과 가점제 50%/ 추첨제 50%	1인 미혼 생초 X	중도금대출 40%
입주예정	2025년 03월 입주예정	최소 필요자금 84m² 4.5억	재당첨제한 10년	중도금 이자후불제

분양문의: 1599-1566

영동 푸르지오 트레센츠, 파인베르 입주자모집공고
조회수 7,811회 · 2022. 5. 4.   140   싫어요   공유   오프라인 저장   THANKS   저장 ···

윤테크·청약전문가
구독자 5.79만명   가입   분석   동영상 수정

> 유튜브 '윤테크TV': 초보자가 방대한 내용을 가진 입주자모집공고문을 한눈에 다 파악하기는 어렵습니다. 괜찮은 사업지를 선별한 후 입공 핵심내용만 추려 유튜브로 설명하니 참고하세요.

① 분양 개요

언제 입주자모집공고가 나왔는지, 자격조건, 재당첨 제한, 거주지 요건, 대략적인 분양물량, 전매제한, 거주의무 기간 등 전체적인 개요가 가장 먼저 나옵니다.

- 본 아파트는 2021.07.05. 시행된 「주택공급에 관한 규칙」이 적용되며, 이 공고문에 명시되지 아니한 사항은 「주택법」, 「주택공급에 관한 규칙」 등 관계 법령에 따릅니다.
- 본 아파트의 최초 입주자모집공고일은 2021.09.02.입니다.(청약자격조건의 기간, 나이, 지역우선 등의 청약자격조건 판단기준일입니다.)
- 본 아파트에 대한 신청자의 등 판단 시 기준이 되는 면적은 주거전용면적이며, 연령조건은 만 나이를 기준으로 하고, 거주지역 및 거주기간은 주민등록표 등본을 기준으로 하며, 당첨자 중 부적격자로 판명된 자는 본인의 책임과 비용으로 「주택공급에 관한 규칙」에서 정한 소명기간 이내에 소명을 완료하여야만 계약 체결이 가능합니다.(주민등록표 등초본상 말소 사실이 있는 경우 거주지역 및 거주기간의 재등록될 이후부터 산정)
- 해당 주택건설지역(광교 택지개발지구)은 「수도권정비계획법」 제6조 제1항의 규정에 의한 수도권과밀억제권역이며, 「주택법」 제63조 및 제63조의2에 의한 투기과열지구 및 청약과열지역으로서 본 아파트는 「주택공급에 관한 규칙」에 따라 2주택 이상 소유한 분은 1순위 자격에서 제외됩니다.(무주택 세대 또는 1주택을 소유한 세대에 속한 분만 1순위 청약 가능)
- 해당 주택건설지역(광교 택지개발지구)은 「주택법」 제63조 및 제63조의2에 의한 투기과열지구 및 청약과열지역으로 본 아파트는 「주택공급에 관한 규칙」에 따라 1주택 이상 소유한 세대에 속한 분은 1순위 가점제 청약이 불가하며, 2주택 이상 소유한 세대에 속한 분은 1순위 청약이 불가합니다.
- 본 아파트는 수도권 투기과열지구 및 청약과열지역의 공급택지에서 공급하는 분양가상한제 적용 민영주택으로 당첨자 선정 시 「주택공급에 관한 규칙」 제54조에 따른 재당첨 제한을 적용받게 되어 기존 주택 당첨으로 인해 재당첨 제한 기간 내에 있는 자 및 그 세대에 속한 자는 청약이 불가합니다. (단, 본 제도는 당첨통장의 재사용을 제도가 아니므로 당첨된 청약통장은 계약여부와 관계없이 재사용이 불가합니다.)

당첨된 주택의 구분(「주택공급에 관한 규칙」 제54조)	적용기간(당첨일로부터)
투기과열지구에서 공급되는 주택(제1항제6호), 분양가상한제 적용주택(제1항제3호)	10년간

- '20.04.16. 이전 최초 입주자모집공고 승인 신청하여 입주자를 모집한 경우, 재당첨 제한 적용기간은 종전의 규정을 따르므로 과거 당첨된 주택의 재당첨 제한 기간은 당첨 주택의 입주자모집공고문 또는 청약홈 > 마이페이지 > 청약제한사항 확인 메뉴를 통해 직접 확인하여 주시기 바랍니다.
- 본 아파트 당첨자로 선정 시 당첨자 및 세대에 속한 자는 당첨일로부터 향후 5년간 투기과열지구 및 청약과열지역에서 공급하는 주택의 1순위 청약접수가 제한됨도 유의하시기 바랍니다.
- 본 아파트의 최초 입주자모집공고일(2021.09.02.) 현재 수원시현재에 거주하거나 수도권(서울특별시, 인천광역시, 경기도)에 거주(주민등록표등본 기준)하는 만19세 이상인 자 또는 세대주인 미성년자(자녀양육, 형제자매부양)의 경우 청약이 가능합니다.
- 본 아파트는 「주택공급에 관한 규칙」 제28조제2호 및 제34조에 의거 대규모 택지개발지구에 공급하는 주택으로 본 아파트는 입주자모집공고일(2021.09.02.) 현재 수원시 용인시에 해당시에게 2년 이상 거주한 경우(주민등록표등본 기준)에 한합니다. 이전부터 계속 거주(해당)에 일반공급 세대의 30%를 우선 공급(공고시도 지역우선공급주택 수원시 용인시)하고 행정구역면적(면적별 배분방식 결정배분비율(수원시 88%, 용인시 12%))하며, 경기도에 2년 이상 거주 주민 지(2019.09.02. 이전부터 계속 거주자)에게 20%를 공급(공급시 수원시와 용인시가 공급신청자 공급물량이 미달될 경우 경기도 2년 이상 거주한 자 공급물량에 포함)하며 나머지 50%를 수도권 거주자(서울특별시, 인천광역시, 경기도 2년 미만 거주한 자)에게 공급 (경기도 2년 이상 거주 공급신청자 공급물량이 미달될 경우 수도권 거주자 공급물량에 포함)합니다.

주택형 (전용면적기준)	약식 표기	총공급 세대수	특별공급 세대수							일반공급 세대수	일반공급 해당지역 우선공급(30%) 배분비율		
			기관 추천	다자녀 가구	신혼 부부	노부모 부양	생애 최초	합계		합계	수원시 88%	용인시 12%
060.9700A	60A	33	3	3	7	1	5	19	14	4	3	
060.9000B	60B	22	2	-	3	-	3	11	11	3	3	
069.9200	69	52	5	5	10	2	8	30	22	7	6	1
084.5600	84	104	-	-	-	-	-	-	104	31	27	4
합 계		211	10	10	21	3	16	60	151	45	40	5

(단위 : 세, 세대)

② 분양일정

특별공급, 일반 1순위, 일반 2순위의 접수일, 당첨자 발표일, 계약 체결일 등 분양일정에 관한 내용이 나옵니다. 정확히 숙지했다가 청약홈에서 08:00~17:30 사이에 청약하면 됩니다.

■ 청약 및 계약 등 주요 일정 안내

구 분	특별공급 (기관추천, 다자녀, 신혼부부, 노부모부양, 생애최초)	일반1순위	일반2순위	당첨자발표	당첨자 자격확인 서류제출	계약체결
일정	2021. 09. 13. (월)	2021. 09. 14. (화)	2021. 09. 15. (수)	2021. 09. 29. (수)	2021. 10. 05. ~ 10. 09. (토)	2021. 10. 12. (화)~10. 16. (토)
방법	인터넷 청약 (08:00 ~ 17:30)			개별조회 (청약Home 로그인 후 조회 가능)	홈페이지 사전예약 후 자격확인 서류제출 방문접수 (10:00~16:00)	홈페이지 사전예약과 계약서류 지참 방문계약 (10:00~17:00)
장소	· 한국부동산원 청약Home - PC : www.applyhome.co.kr - 스마트폰앱 · 전후주택 · 청약통장 가입은행 구분 없음	· 한국부동산원 청약Home - PC : www.applyhome.co.kr - 스마트폰앱 · 청약통장 가입은행 본지점		· 한국부동산원 청약Home - PC : www.applyhome.co.kr - 스마트폰앱	· 청약홈(수원시 영통구 이의동 1398번지) · 당첨자 본인 제출 및 방문제출만 원칙이며, 제출서류 공급순위별 서류제출 기재 홈페이지 방문예약시스템을 통해 예약후 제출 가능	· 전후주택 · 경기도 수원시 영통구 이의동 1398번지 · 계약은 계약 대상자 본인 이행해야 원칙으로 합니다. · 자격확인 서류제출 대상 : 특별공급, 일반공급 당첨자 전원 · 예비입주자는 추후 별도 공지됩니다.

③ 분양물량 및 분양가

여기에서 공급위치, 공급규모, 입주시기와 공급물량 등을 확인합니다. 특별공급과 일반공급 세대수, 전용면적과 공용면적의 정확한 크기, 층별 분양가와 계약금도 여기에서 보면 됩니다.

중도금 및 잔금 구성비율도 확인하세요. 보통 투기과열지구에서는 계약금 20%, 중도금 60%, 잔금 20%인 경우가 많고, 조정대상지역이나 비규제지역에서는 10%, 60%, 30%인 경우가 많습니다. 자금이 부족하다면 계약금이 몇 퍼센트인지는 매우 중요하죠. 중도금 실행일자도 꼼꼼히 확인해서 자금계획을 세워야 합니다.

④ 옵션 계약 세부 사항

발코니 확장을 포함한 시스템 에어컨, 아트월, 가전제품 등의 옵션 금액이 나와 있습니다. 여러 가지 항목이 있는데, 이때 꼭 해야 하는 건 나중에 시공하기 어려운 발코니 확장과 시스템 에어컨 정도입니다. 나머지 옵션들은 입주 전에 만들어질 입주예정자협의회(입예협)에서 공동구매를 할 때 마련하는 게 더 저렴하고 최신식입니다. 또 미리부터 옵션을 넣으면 그 금액까지 취득세에 포함되니 주의하세요. 나중에 전세를 줄 예정이라면 시스템 에어컨이 있어야 세입자를 구하기 쉽습니다. 실입주할 예정이라면 공동구매 시 주방 엔지니어드 스톤을 강력하게 추천합니다. 가격대가 좀 있긴 하지만 실용성 측면에서 뛰어납니다. 빌트인 가전제품들 역시 시중가격보다 비싼 경우가 많으니 조금 크기가 다르더라도 나중에 공동구매로 구매하는 게 낫습니다.

8 발코니 확장공사 및 추가 선택품목				
■ 발코니 확장				
• 발코니 확장 공사비				〈단위 : 원, 부가가치세 포함〉
주택형	공급금액	계약금(10%) 계약시	중도금(10%) 2021.12.15	잔금(80%) 입주지정일
60A	5,724,000	572,400	572,400	4,579,200
60B	5,744,000	574,400	574,400	4,595,200
69	3,909,000	390,900	390,900	3,127,200
84	5,294,000	529,400	529,400	4,235,200

⑤ 특별공급 신청자격 및 당첨자 선정 방법

기관추천, 다자녀, 노부모, 신혼부부, 생애최초 타입별 모집 세대수가 정확하게 나와 있습니다. 특별공급마다 청약 자격조건이 다르며, 일반공급과 비교해 자격요건이 까다로워서 부적격이 많이 납니다. 꼼꼼히 읽어보고 애매한 부분은 꼭 자격 판단기관에 문의해서 부적격을 예방해야 합니다.

■ 특별공급 신청자격별·주택별 공급세대수

공고상(청약시) 주택형		60.9700A	60.9000B	69.9200	84.5600	합계
약식표기		60A	60B	69	84	
일반 (기관추천) 특별공급	국가유공자	1	-	1	-	2
	장기복무 제대군인	1	-	-	-	1
	10년 이상 장기복무군인	-	-	1	-	1
	중소기업 근로자	1	-	1	-	3
	장애인	서울특별시	-	-	1	-	1
		경기도	-	-	1	-	1
		인천광역시	-	-	1	-	1
다자녀가구 특별공급		3	2	5	-	10
노부모부양 특별공급		1	-	2	-	3
신혼부부 특별공급		7	4	10	-	21
생애최초 특별공급		5	5	6	-	16
합계		19	11	30	-	60

※ 주택형별 특별공급대상 세대수는 공급세대수, 비율 등을 감안하여 배정하였으며 배정 세대수가 없는 주택형에 대하여는 신청할 수 없습니다.
※ (신혼부부) 2021.02.02. 개정된 「주택공급에 관한 규칙」에 의거 전년도 도시근로자 가구원수별 월평균 소득의 100%(이하인 자(신혼부부 모두 소득이 있는 경우 120% 이하)에게 우선공급하며, 나머지 주택(우선공급에서 미분양된 주택을 포함한다)은 소득기준을 완화하여 전년도 도시근로자 가구원수별 월평균 소득 기준의 140%(이하인 자(신혼부부 모두 소득이 있는 경우 160% 이하)주택을 입주자로 선정되지 아니된 자를 포함한다)합니다.
※ (생애최초) 2021.02.02. 개정된 「주택공급에 관한 규칙」에 의거 민영주택 생애최초 특별공급 대상 세대수의 70%(소득이 있는 경우 월평균 소득 기준의 130%(이하인 자에게 우선공급하며, 나머지 주택(우선공급에서 미분양된 주택을 포함한다) 소득기준을 완화하여 전년도 도시근로자 가구원수별 월평균 소득 기준의 160%(이하인 자까지 확대하여)합니다.
※ 신혼부부 특별공급, 노부모부양 특별공급, 생애최초 특별공급은 수원시·용인시 거주자가 해당이 2년 이상 계속 거주자에게 30% 우선공급을 할 수 있으며 경쟁이 있는 경우 해당지역 지역배분 비율(공고지구 지역우선 공급순위로 수원시와 용인시 행정구역별 인접비 배정방법 경쟁배분비율(공시 88%, 용인시 12%)에 따라 동일 순위에서는 공급세대 기준 수원시 2년 이상 계속 거주자가 우선하며, 용인시 2년 이상 계속 거주자는 해당지역 우선공급 대상에서 제외되고 기타결기 또는 수도권 거주자와 경쟁할 수 있습니다.

■ 특별공급 공통사항

구 분	내 용
1회 한정/ 자격요건/ 자격제한	• 특별공급 주택을 분양받고자 하는 자는 「주택공급에 관한 규칙」제55조에 따라 한 차례에 한정하여 1세대 1주택의 기준으로 공급이 가능하며 당첨자로 선정된 경우에는 향후 특별공급에 신청할 수 없으며, 중복 신청할 경우 전부 무효 처리됨(「주택공급에 관한 규칙」제36조 제1항 및 제6조의2에 해당하는 경우는 특별공급 횟수 제한 제외)

무주택
요건
	• 최초 입주자모집공고일 현재 무주택자, 청약자격으로 한 해당 특별공급을 신청하여야 합니다.
	 - 최초 입주자모집공고일 현재 다음 특별공급 유형별 무주택세대구성원 또는 무주택세대구성원 요건을 갖추어야 합니다.
	 ※ 1세대 다 무주택세대구성원(노부모부양, 생애최초 특별공급 한정) 중 1인만 신청함을하며, 공급신청자와 동일한 세대의 구성원(본 포함)이 중복 청약하여 1
	명이라도 선정이 되면, 당첨자는 부적격당첨자로 처리되고, 예비입주자는 입주자로 선정될 기회를 제공받을 수 없으니 유의하여 신청하시기 바랍니다. (계약체결 불가, 부적격
	처리 등) 또한 다른 분양주택(분양전환공공임대주택 포함)의 당첨 제한)
	 - 기관추천 / 다자녀가구 / 신혼부부 특별공급 : 무주택세대구성원 요건
	 - 노부모부양 특별공급 : 무주택세대구성원 요건
	 - 생애최초 특별공급 : 무주택세대구성원 요건
	 ※ 무주택세대구성원이란 다음 각 목의 사람(세대) 전원이 주택을 소유하고 있지 아니한 세대의 구성원(「주택공급에 관한 규칙」제2조제2호의3) 및 제4호)
	  가. 주택공급신청자
	  나. 주택공급신청자의 배우자
	  다. 주택공급신청자의 직계존속(배우자의 직계존속 포함)이면서 주택공급신청자 또는 주택공급신청자의 배우자의 세대별 주민등록표상에 함께 등재되어 있는 사람
	  라. 주택공급신청자의 직계비속(직계비속의 배우자 포함)이면서 주택공급신청자 또는 주택공급신청자의 배우자의 세대별 주민등록표상에 함께 등재되어 있는 사람
	  마. 주택공급신청자의 배우자의 직계비속이면서 주택공급신청자와 세대별 주민등록표상에 함께 등재되어 있는 사람

청약자격
요건
	• 최초 입주자모집공고일 현재 다음 특별공급 유형별 신청자의 청약통장 자격요건을 갖추어야 합니다.
	 - 기관추천 특별공급 / 다자녀가구 특별공급 / 다자녀가구 특별공급 신청자
	  ① 청약예금 : 해당 주택에 신청 가능한 청약예금에 가입하여 최초 입주자모집공고일 현재 가입 후 6개월이 경과하고, 청약예금 지역별, 면적별 예치금액 이상인 자
	  ② 청약부금 : 85㎡이하 주택을 : 청약부금에 가입 하여 최초 입주자모집공고일 현재 가입 후 6개월이 경과하고, 매월 약정 납입일에 월납입금을 납입하여 그 납입인정금액이
	   일 천만원의 그 납입인정금액이 지역별, 면적별 예치금액 이상인 자
	   85㎡초과 주택을 : 청약부금에 가입하여 최초 입주자모집공고일 현재 가입 후 6개월이 경과하고, 매월 약정 납입일에 월납입금을 납입하여 최초 입주자모집공고일
	   일 천만원의 그 납입인정금액이 지역별, 면적별 예치금액을 충족하는 자
	  ③ 청약저축 : 최초 입주자모집공고일 현재 가입 후 6개월을 경과하고, 최초 입주자모집공고 전까지한 납입인정범위 범위 내에서 청약예금으로 전환한 자
	 - 노부모부양 특별공급 / 생애최초 특별공급 신청자
	  ① 청약예금 : 해당 주택에 신청 가능한 청약예금에 가입하여 최초 입주자모집공고일 현재 가입 후 24개월이 경과하고, 청약예금 지역별, 면적별 예치금액 이상인 1순위자
	  ② 청약부금 : 85㎡이하 주택을 : 청약부금에 가입 하여 최초 입주자모집공고일 현재 가입 후 24개월이 경과하고, 매월 약정 납입일에 월납입금을 납입하여 그 납입인정
	   금액이 85㎡이하 주택의 지역별, 면적별 예치금액 이상인 1순위자
	  ③ 청약저축 : 최초 입주자모집공고일 현재 가입 후 24개월이 경과하고, 최초 입주자모집공고 전까지한 납입인정범위 범위 내에서 청약예금으로 전환한 1순위자
	  ④ 주택청약종합저축 : 주택별 해당 종합저축에 가입하여 최초 입주자모집공고일 현재 가입 후 24개월이 경과하고, 해당 주택에 신청 가능한 지역별, 면적별 예치금액(민영주택 청
	   약 예치기준금액) 이상인 1순위자
	 ※ 각 청약통장으로 신청 가능한 전용면적 이하에 해당하는 주택형에만 청약 가능합니다.

[청약예금의 예치금액]

구 분	경기도	서울특별시	인천광역시
전용면적 85㎡ 이하	200만원	300만원	250만원
전용면적 102㎡ 이하	300만원	600만원	400만원
전용면적 135㎡ 이하	400만원	1,000만원	700만원
모든면적	500만원	1,500만원	1,000만원

⑥ 일반공급 신청자격 및 당첨자 선정 방법

일반공급 신청자격, 1순위 자격조건, 거주요건 등과 당첨자 선정 방법에 관한 자세한 내용이 나와 있습니다. 일반공급에서는 가점제와 추첨제로 나눠서 당첨자를 선정하며, 비율은 규제 여부에 따라 다릅니다. 가점제는 무주택기간, 부양가족수, 입주자 저축 가입기간을 가점항목으로 해서 84점 만점 중 가점이 높은 순으로 당첨자를 선정합니다. 추첨제는 가점제에서 떨어진 사람들끼리 운으로 경쟁하죠. 무주택자에게 75%를, 나머지 25% 물량은 무주택자와 1주택 처분서약한 자가 경쟁하게 됩니다. 무주택자가 절대적으로 유리합니다.

3 일반공급 신청자격 및 당첨자 선정방법

■ 일반공급 신청자격 및 유의사항

(※ 공고문 원문의 세부 안내 및 유의사항 생략)

■ 청약 가점점수 산정기준표 - 「주택공급에 관한 규칙」 제23조 제8호 [별표1] 2 나목

가점항목	가점상한	가점구분	점수	가점구분	점수	확인인 서류 등
① 무주택기간	32	만30세 미만 미혼자 또는 유주택자	0	8년 이상 ~ 9년 미만	18	주민등록등본 (배우자 분리세대 시 배우자 주민등록등본, 가족관계증명서 추가 제출) 건물등기부등본, 건축물대장등본 등 가족관계증명서, 혼인관계증명서 ※ 만30세 이전에 결혼한 경우 혼인신고일 확인
		1년 미만	2	9년 이상 ~ 10년 미만	20	
		1년 이상 ~ 2년 미만	4	10년 이상 ~ 11년 미만	22	
		2년 이상 ~ 3년 미만	6	11년 이상 ~ 12년 미만	24	
		3년 이상 ~ 4년 미만	8	12년 이상 ~ 13년 미만	26	
		4년 이상 ~ 5년 미만	10	13년 이상 ~ 14년 미만	28	
		5년 이상 ~ 6년 미만	12	14년 이상 ~ 15년 미만	30	
		6년 이상 ~ 7년 미만	14	15년 이상	32	
		7년 이상 ~ 8년 미만	16			
② 부양가족수	35	0명	5	4명	25	주민등록등본 가족관계증명서 ※ 청약신청자 본인은 부양가족수에서 제외 만18세 미만 성년자녀 부양가족 신청 시 가족확인서류 ⑴ 만18세 미만 - 만30세 : 자녀 혼인관계증명서, 가족관계증명서 ⑵ 만30세 이상 : 자녀 혼인관계증명서, 가족관계증명서, 주민등록초본
		1명	10	5명	30	
		2명	15	6명이상	35	
		3명	20			
③ 입주자 저축 가입기간	17	2년 이상 ~ 3년 미만	4	9년 이상 ~ 10년 미만	11	청약통장 ※ 인터넷 청약시에 자동 계산됨
		3년 이상 ~ 4년 미만	5	10년 이상 ~ 11년 미만	12	
		4년 이상 ~ 5년 미만	6	11년 이상 ~ 12년 미만	13	
		5년 이상 ~ 6년 미만	7	12년 이상 ~ 13년 미만	14	
		6년 이상 ~ 7년 미만	8	13년 이상 ~ 14년 미만	15	
		7년 이상 ~ 8년 미만	9	14년 이상 ~ 15년 미만	16	
		8년 이상 ~ 9년 미만	10	15년 이상	17	
총점	84					
비고						※ 본인 청약가점 점수 = ①＋②＋③

⑦ 당첨자 발표 및 계약 체결에 필요한 구비서류

당첨자 발표일자와 계약 체결에 필요한 구비서류가 안내되어 있습니다. 당첨되었다면 나와 있는 서류를 꼼꼼히 확인해서 챙겨 가고, 애매한 것이 있다면 모델하우스에 전화해 확인한 후 출발해야 두 번 발걸음할 일이 없습니다.

5	당첨자 발표			

■ 일정 및 계약 장소

구 분	신청대상자	당첨자 및 동·호수 / 예비입주자 및 예비순번 발표	계약체결
특별공급	일반(기관추천), 신혼부부, 다자녀가구 노부모부양, 생애최초	· 일시 : 2021. 09. 29(수) · 확인방법 - 한국부동산원 청약Home (www.applyhome.co.kr) 또는 스마트폰앱에서 개별조회 - 공동인증서/금융인증서/네이버인증서로 로그인 후 조회 가능	· 일시 - 2021. 10. 12(화) ~ 2021. 10. 16(토) (10:00~17:00) · 건본주택 : 경기도 수원시 영통구 이의동 1336번지
일반공급	1순위		
	2순위		

6	입주대상자 자격검증 서류제출		

■ 입주대상자 자격검증서류 제출 및 공급계약 일정

서류제출 기한	· 2021. 10. 05. (화) ~ 2021. 10. 09. (토) 5일간 10:00~16:00 까지 · 청당 당첨자 (특별공급, 일반공급 당첨자) ※ 당첨자의 예약 방문 외에는 방문 접수가 불가합니다.
제출처	· 힐스테이트 광교중앙 퍼스트 건본주택 : 경기도 수원시 영통구 이의동 1336번지
유의 사항	

⑧ 단지 여건 및 유의사항

변전소 이슈, 도로 소음, 쓰레기 소각장 등 깨알 같은 글씨로 사업지에 관한 좋지 않은 점들이 나와 있습니다. 사업주체에 불리한 내용을 다 적어놨으니 꼼꼼히 읽어보고 청약할지 말지를 결정하세요.

⑨ 보증기관 및 사업주체

마지막으로 보증기관 및 사업주체에 대한 정보가 나와 있습니다. 맨 아래에는 모델하우스 연락처도 있으니 궁금하거나 애매한 점이 있으면 꼭 확인해보길 바랍니다. 가끔 모델하우스 직원이 관련 정보를 잘못 안내할 때도 있으니 주의하세요. 사업주체와 국토부에 연락해 확인하면 확실하게 부적격을 예방할 수 있습니다.

출처: 광교중앙역 퍼스트 입주자모집공고

Step 3.
내 청약가점 계산하기

본인의 위치를 정확히 파악하려면 정확한 가점 계산이 필수입니다. 청약가점은 무주택기간 32점, 부양가족수 35점, 입주자 저축 가입기간 17점까지 총 84점 만점으로 당첨자를 선정합니다.

보통 50점 미만을 '저가점자', 60점 이상부터를 '고가점자'라고 합니다. 그러나 청약시장 분위기가 과열되었을 때는 최소한 65점은 되어야 고가점으로 볼 수 있습니다. 65점 이상인 사람들은 적절히 상향지원도 해보면서 본인 가점을 최대한 활용할 수 있는 가성비 있는 청약단지를 노려보길 바랍니다. 그리고 50대에서 60점 초반인 사람들은 본인의 위치를 파악하는 게 중요합니다. 가점이 낮은 사람들은 본인이 거주할 곳만 보지 말고 여러 곳에 적극적으로 청약해야 합니다.

상담하다 보면 50점대, 60점대 초반을 당첨시키는 게 가장 어렵습니다. 본인의 위치를 실제 위치보다 더 높게 생각하고 있는 경우가 많아서 그렇습니다. 문제는 본인이 본인 위치를 모르면 당첨하고는 점점 멀어질 수밖에 없다는 겁니다. 공부를 통해서 내 가점의 위치가 어느 정도인지를 정확히 파악해야 마음 편히 청약할 수 있을 겁니다. 공부가 부족하면 당첨돼도 찝찝할 수 있어요. '내 가점이면 더 좋은 데 갈 수 있지 않았을까?' 싶거든요.

내 가점이 얼마든 공통적으로 비인기 타입을 찾는 방법과 주변시세 대비 안전마진이 얼마나 깔려있는지를 정확히 파악할 수 있는 능력을 길러야 당첨 확률을 높일 수 있습니다.

가점항목 및 점수(84점 만점)

다음 가점표를 자세히 보면 알겠지만 무주택기간, 입주자 저축 가입 기간은 누구나 시간이 갈수록 매년 오르는 점수입니다. 당첨자를 선정하는 건 상대평가이기 때문에 내 점수가 올랐을 때 상대방 점수도 함께 오르면 의미가 없습니다. 이걸 깨달아야 당첨될 수도 없는 청약단지를 기다리지 않고 현재 시점에서 본인에게 맞는 청약단지를 자신 있게 넣을 수 있습니다. 앞으로 부양가족이 더 늘어날 계획이 있는 사람만 기다리세요. 단, 기다려도 65점 이상이 되는 게 아니라면 그냥 지금 청약하세요. 분양사업이 연기되는 경우가 다반사입니다. 적게는 몇 개월,

길게는 몇 년까지도 연기되기 때문에 미래를 기다리기보다는 현재 가장 좋은 선택을 하는 전략이 더 좋습니다. 이 부분만 이해해도 청약 당첨에 가까워질 겁니다.

가점항목 및 점수 산정방식(총점: 84점)

가점항목	가점구분	점수	가점구분	점수
무주택기간 (가점상한 : 32점)	1년 미만	2	8년 이상 ~ 9년 미만	18
	1년 이상 ~ 2년 미만	4	9년 이상 ~ 10년 미만	20
	2년 이상 ~ 3년 미만	6	10년 이상 ~ 11년 미만	22
	3년 이상 ~ 4년 미만	8	11년 이상 ~ 12년 미만	24
	4년 이상 ~ 5년 미만	10	12년 이상 ~ 13년 미만	26
	5년 이상 ~ 6년 미만	12	13년 이상 ~ 14년 미만	28
	6년 이상 ~ 7년 미만	14	14년 이상 ~ 15년 미만	30
	7년 이상 ~ 8년 미만	16	15년 이상	32
부양가족 수 (가점상한 : 35점)	0명	5	4명	25
	1명	10	5명	30
	2명	15	6명 이상	35
	3명	20	-	
입주자 저축 가입기간 (가점 상한 : 17점)	6월 미만	1	8년 이상 ~ 9년 미만	10
	6월 이상 ~ 1년 미만	2	9년 이상 ~ 10년 미만	11
	1년 이상 ~ 2년 미만	3	10년 이상 ~ 11년 미만	12
	2년 이상 ~ 3년 미만	4	11년 이상 ~ 12년 미만	13
	3년 이상 ~ 4년 미만	5	12년 이상 ~ 13년 미만	14
	4년 이상 ~ 5년 미만	6	13년 이상 ~ 14년 미만	15
	5년 이상 ~ 6년 미만	7	14년 이상 ~ 15년 미만	16
	6년 이상 ~ 7년 미만	8	15년 이상	17
	7년 이상 ~ 8년 미만	9	-	

출처: 청약홈

무주택기간 점수

무주택기간을 산정할 때 많이 하는 실수가 1세부터 계산하는 것인데, 만 30세가 기준입니다. 그전에 혼인신고를 했다면 혼인신고일이 기준이 되고요. 혼인했다가 이혼했어도 상관없습니다. 혼자서 한 번 계산해보고, 최종 확인은 꼭 국토부나 청약홈에 문의해서 부적격을 예방하세요. 전화 한 통이면 100% 예방할 수 있는데 그게 귀찮아서 혹은 몰라서 안 하면 부적격으로 1년이라는 시간을 날릴 수도 있습니다.

*무주택자(본인 및 세대 전원이 무주택인 자)의 무주택기간 판단사례

과거 주택소유여부	30세 이전 결혼여부	무주택기간	
(신청자 본인 및 배우자가) 주택을 소유(분양권등 포함) 한 적이 없는 분	(신청자 본인이) 만30세 이전에 결혼하지 않은 분		(신청자 본인이) 만30세가 된 날 ~ 입주자 모집 공고일
	(신청자 본인이) 만30세 이전에 결혼한 분		혼인신고일 ~ 입주자모집공고일
(신청자 본인 및 배우자가) 주택을 소유(분양권등 포함) 한 적이 있는 분	(신청자 본인이) 만30세 이전에 결혼하지 않은 분		(신청자 본인이) 만30세가 된 날과 (본인 및 배우자가) 무주택자가 된 날 중 늦은 날 ~ 입주자모집공고일
	(신청자 본인이) 만30세 이전에 결혼한 분		혼인신고일과 (본인 및 배우자가) 무주택자가 된 날 중 늦은 날 ~ 입주자모집공고일

* 2회 이상 주택을 소유(분양권등 포함)한 사실이 있는 경우에는 가장 최근에 무주택자가 된 날을 말한다.
* 청약신청자의 배우자가 결혼 전 매도한 주택 또는 분양권등은 제외함
* 노부모부양 특별공급의 경우 피부양자 및 피부양자의 배우자가 주택을 소유(분양권등 포함)하고 있었던 기간은 무주택기간에서 제외함
* 분양권등 : 주택소유로 보는 경우 등 세부사항은 본 팝업창을 닫은 후 본문의 "무주택기간 적용기준" > "분양권등"을 참조

출처: 청약홈

부양가족 기준 점수

가점항목 중 가장 중요하다고 할 수 있는 부양가족수입니다. 부양가족을 계산할 때 본인은 빼고 계산해야 하는데 헷갈리면 그냥 '전체 가족수 × 5점'으로 계산해도 됩니다.

주민등록등본에 기재된 구성원만 부양가족으로 계산하는 것이 원칙입니다. 단, 배우자는 예외적으로 세대분리가 되어 있어도, 해외에 나가 있어도 부양가족으로 봅니다. 배우자는 청약 세계에서는 한 몸이라고 생각하면 편합니다. 배우자 분리세대인데 배우자 부모님을 3년 이상 모셨다면 배우자 부모님까지 부양가족수로 인정됩니다. 이때 배우자의 부양가족을 세대원이나 부양가족에 포함하는 것은 민영주택에서만 인정되고, 국민주택에서는 인정되지 않으니 주의하세요. 형, 동생, 처제는 같이 살아도 부양가족에 들어가지 않습니다. 복잡한가요? 다음 페이지에 있는 그림으로 보면 조금 더 계산하기 편할 겁니다.

청약 당첨 욕심에 위장전입 하는 사람이 많은데, 결국은 다 걸립니다. 가끔 계약취소 물량으로 무순위 줍줍이 나온 걸 본 적이 있을 겁니다. 계약 후에도, 몇 년이 지나 입주까지 한 다음에라도 언제든지 적발되면 계약은 취소될 수 있습니다. 다른 사람들의 소중한 기회를 박탈할 수 있는 위장전입을 시도하지 말고 당당하게 본인 가점에 맞는 곳에 청약하세요.

출처: 안양씨엘포레자이 건설사 홈페이지

부양가족 기준

부양가족은 입주자모집공고일 현재 세대에 속한 자 중에서 아래에 해당하는 경우입니다. (본인 제외)

부양가족	상세 설명
배우자	포함 (배우자 분리세대의 경우에도 포함)
직계존속 (부모/조부모) ※배우자의 직계존속 포함	청약신청자가 세대주여야 하며 3년 이상 동일 주민등록표등본에 등재된 직계존속 (배우자분리세대인 경우, 배우자가 세대주여야 하며, 3년 이상 동일 주민등록표등본에 등재된 직계존속) 단, 직계존속 및 그 배우자 중 한 명이라도 주택을 소유(분양권 포함)하고 있는 경우 부양가족으로 보지 않으나 공급규칙 제53조에 해당하는 주택을 가지고 있는 경우 아래와 같이 판단 * 주택공급에 관한 규칙 제53조(주택소유여부 판정기준) 적용 사례 - 직계 존속 또는 그 배우자가 소유하는 주택이 소형·저가주택 등(제9호) ❶ 및 제53조 각 호(제6호는 제외)에 해당하는 경우 → 부양가족 인정 O - 60세 이상의 직계존속이 주택을 소유한 경우(제6호) → (원칙)2019.11.1.「주택공급에 관한 규칙」 개정·시행에 따라 부양가족 중 직계존속 X → (예외)제53조 나머지 호중 하나에 해당하는 경우는 부양가족 인정 O 또한 아래에 해당하는 직계존속도 부양가족으로 인정하지 않음. - 외국인 직계존속 - 내국인 직계존속이라도 요양시설(「주민등록법」 제12조에 따라 주민등록을 하는 노인요양시설을 말함) 및 해외에 체류 중인(입주자모집공고일 기준 최근 3년 이내 계속하여 90일을 초과하여 해외에 체류한 경우)인 경우
직계비속 (자녀/손자녀)	-자녀 : 신청자와 동일한 주민등록표등본(배우자 분리세대인 경우, 배우자 등본을 포함)에 등재된 미혼자녀. 다만, 만30세 이상인 자녀는 1년 이상 동일한 주민등록표등본에 등재된 경우에만 부양가족으로 인정 * 다만, 혼인 중이거나 혼인한 적이 있는 자녀는 부양가족으로 보지 않습니다. -손자녀 : 부모가 모두 사망한 경우 미혼인 손자녀 ※ 국토교통부 주택기금과 '주택청약 자격 체크리스트'('19.12)에 따라 외국인 직계비속은 부양가족으로 인정되지 않으며, 내국인 직계비속이라도 해외에 체류중*인 경우에는 부양가족에서 제외 * 30세 미만 : 입주자모집공고일 기준 현재 계속하여 90일을 초과하여 해외에 체류중인 경우 * 30세 이상 : 입주자모집공고일 기준 최근 1년 이내 계속하여 90일을 초과하여 해외에 체류한 경우

출처: 청약홈

청약통장 가입기간 점수

청약통장 가입기간 점수는 가입한 날을 입력하면 자동으로 계산되기 때문에 잘못 계산할 수가 없습니다. 미성년자는 최대 2년까지만 가입기간으로 인정되기 때문에 자녀가 만 17세가 되는 시점, 고2 생일이 지난 후 바로 청약통장을 개설하는 게 가장 효율적입니다.

최초통장가입일

생년월일

청약통장 가입기간

입주자모집공고일 현재 입주자저축 가입자의 가입기간을 기준으로하며, 입주자저축의 종류, 금액, 가입자 명의변경을 한 경우에도 최초 가입일을 기준으로 가입기간을 산정합니다.
청약통장 가입일은 청약통장 가입은행에서 조회된 자료로 통장가입기간에 따른 가점을 자동계산합니다.
미성년자로서 가입한 기간이 2년을 초과하면 2년만 인정 (주택공급에 관한 규칙 제10조 제6항)

출처: 청약홈

Step 4.
청약 당첨 후 필요한 자금 정리하기

입주자모집공고에서 분양가 확인하기

청약홈에 들어가면 입주자모집공고를 확인할 수 있습니다. 입공 안에 타입별 분양가가 상세히 나와 있는데 계약금 10~20%, 중도금 은 1~6회차로 나눠 대출을 실행하거나 자납하고, 입주시점에 잔금 20~30%를 내는 것이 일반적입니다.

계약금 보통 투기과열지구에서는 계약금 20%, 중도금 60%, 잔금 20%로, 조정대상지역에서는 계약금 10%, 중도금 60%, 잔금 30%로 구성되는 경우가 많습니다. 그런데 요즘은 조정대상지역이어도 계약금 20%, 투기과열지구라도 계약금 10%만 받는 곳이 종종 있습니다. 자금에 여유가 없다면 꼭 계약금을 확인한 후 청약하세요.

중도금 대출(그리고 연체 방법) 또 주의해야 할 점은 입공에 나와 있는 분양가가 9억을 초과하면 중도금 대출 자체가 불가능하다는 것입니다. 예를 들어 분양가 8.99억에 확장하고 옵션을 추가하느라 돈을 쓰는 건 상관없지만, 분양가 자체가 9억을 넘으면 안 됩니다. 반대로 분양가가 9.1억인데 3,000만 원짜리 마이너스 옵션을 선택해도 대출은 안 됩니다. 입공에 적혀 있는 분양가가 기준이라는 걸 기억하세요. 중도금 대출은 투기과열지구에선 40%, 조정대상지역에서는 50%, 비규제지역에서는 60%가 전부 다 됩니다. 주택담보대출과는 다르게 소득을 보지 않고, 신용 불량자만 아니면 무리 없이 나옵니다.

자금이 부족한 사람들은 남은 회차를 연체해도 되는데, 이자는 6~7% 정도입니다. 간혹 연체가 불가능한 사업지도 있으니, 이 부분은 꼭 모델하우스에 문의해보고 진행하세요. 계약서를 뽑아봐야 정확히 나오기 때문에 바로 답변해주지 못하는 곳도 있지만, 대부분은 1~2회까지 연체해도 무방했습니다. 참고로 대부분의 공공분양은 3회까지 연체를 허용한다고 입공에 나와 있습니다. 연체이자는 6.5%로 앞으로 변동될 수도 있지만, 자금이 애매하다면 자금융통에 가장 유리한 방법입니다. 제가 이 연체 방법을 일찍 알았더라면 64점으로 더 좋은 곳에 당첨될 수도 있었을 텐데 살짝 아쉬움이 남네요. 어차피 해야 하는 공부라면 하루라도 빨리해서 좋은 기회들을 놓치지 말길 바랍니다.

자금계획 수립 방법

예) 계약금 20% 자금계획
- 투기과열지구, 거주의무 5년, 84타입, 분양가 5억

84 타입 자금계획		102 타입 자금계획	
분양가	5억	분양가	6억
계약금 20%	1억	계약금 20%	1.2억
중도금대출 40%	2억	중도금대출 40%	2.4억
나머지 중도금 20%	1억 (자납 또는 연체)	나머지 중도금 20%	1.2억 (자납 또는 연체)
잔금 20%	1억	잔금 20%	1.2억
입주 시까지 필요자금	1 ~ 2억	입주 시까지 필요자금	1.2 ~ 2.4억
입주 시, 필요자금 (15억으로 예상)	9억 이하 최대 40% 3.6억 9억 초과 최대 20% 1.2억 (DSR기준에 따라 적게 나올 수 있음) 0.2억	입주 시, 필요자금 (19억으로 예상)	15억 초과 주담대 불가능 6억
전세불가	거주의무 5년	전세불가	거주의무 5년
추가 필요금액 10% (취득세, 중도금대출 이자, 옵션)	0.5억	추가 필요금액 10% (취득세, 중도금대출 이자, 옵션)	0.6억

84타입 분양가가 5억이니 우선 계약하는 날 20%, 즉 1억이 필요합니다. 중도금은 대출을 받아 1회차부터 4회차까지 실행할 계획입니다. 중간에 3회차부터 대출을 실행하거나 그럴 순 없으니 주의하세요. 만약 자금 여유가 있어서 미리 내고 싶으면 한 번에 다 내도 되며, 이때는 2.5% 선납할인이 가능합니다. 단, 선납한 금액에 대해서는 원금보장

을 해주지 않으니 제때 내기를 권합니다. 연체이자는 보통 6~7%인데, 선납할인은 2.5%지요? 나머지 중도금 2회분은 자납해도 되고, 연체가 된다면 연체해도 됩니다. 입주시점까지 연체가 가능하다면 1억이 필요하고, 불가능하다면 2억이 필요합니다.

입주 시 시세는 보통 KB시세를 기준으로 합니다. 그러나 전매제한에 걸려 있어 KB시세가 없다면 은행에서 직접 감정가를 산출하고, 그 시세를 기준으로 대출을 실행합니다. 입주시점에 KB시세가 15억이라면 9억까지는 40%, 9억 초과 15억 이하라면 20%까지 대출됩니다. LTV만 적용했을 때는 최대 4.8억까지 대출되겠지만, DTI와 DSR을 다 적용해야 하기 때문에 소득이 낮다면 그만큼 적게 나옵니다. LTV뿐만 아니라 DTI, DSR 기준까지 모두 만족해야 합니다. DSR 규제를 강하게 하고 있으니 자금계획은 보수적으로 세우는 게 좋습니다. 여기에 취득세, 옵션, 대출이자까지 다 넣어서 준비해야 한다는 것도 잊지 마세요.

102타입 예시의 102타입처럼 투기과열지구에서 15억을 초과하면 대출이 아예 나오지 않기 때문에 분양가 전액이 필요하게 됩니다. 은행으로서도 주택담보대출은 높은 수익을 안겨주는 안전한 상품이라서, 약간 초과하더라도 웬만하면 감정가를 최대한 15억에 딱 맞춰주려고 노력합니다. 거주의무가 있는 곳은 대출이 원하는 만큼 실행되지 않으면 전세를 줄 수 없으니 자금계획을 더욱더 보수적으로 잡고 접근하세요. 나중에 잔금을 치르지 못하면 계약금을 날리거나 시행사에서 최저이자만 주고 다시 가져가는 일이 발생할 수도 있습니다.

예) 계약금 10% 자금계획
- 조정대상지역, 거주의무 없음, 84타입, 분양가 4.5억

59 타입 자금계획		84 타입 자금계획	
분양가	3.5억	분양가	4.5억
계약금 10%	0.35억	계약금 10%	0.45억
중도금대출 50%	1.75억	중도금대출 50%	2.25억
나머지 중도금 10%	0.35억 (자납 또는 연체)	나머지 중도금 10%	0.45억 (자납 또는 연체)
잔금 30%	1.05억	잔금 30%	1.35억
입주 시까지 필요자금	0.35 ~ 0.7억	입주 시까지 필요자금	0.45 ~ 0.9억
입주 시, 필요자금 (4.5억으로 예상)	잔금대출 최대 50% 2.25억 (DSR기준에 따라 적게 나올 수 있음) 1.25억	입주 시, 필요자금 (5.5억으로 예상)	잔금대출 최대 50% 2.75억 (DSR기준에 따라 적게 나올 수 있음) 1.75억
전세 줄 때 필요자금 (3억으로 예상)	0.5억	전세 줄 때 필요자금 (4억으로 예상)	0.5억
추가 필요금액 10% (취득세, 중도금대출 이자, 옵션)	0.35억	추가 필요금액 10% (취득세, 중도금대출 이자, 옵션)	0.45억

이번에는 상대적으로 규제가 덜한 조정대상지역의 자금계획을 세워 보겠습니다. 앞에서 자세히 봤으니 좀 더 간단히 봅시다. 우선 84타입 기준 계약금 10%인 4,500만 원이 필요하고, 중도금 대출은 50%까지 나옵니다. 나머지 10%는 자납을 하거나 연체로 진행하면 되고, 입주시점에 나머지 잔금 30%를 냅니다. 이 금액은 전세를 줘서 전세보증금으로 내도 되고, 주택담보대출을 실행해 중도금과 함께 상환해도 됩니다.

입주시점에 시세가 1억 올라서 5.5억이라면 LTV만 적용하면 최대

176

2.75억이고, 여기에 소득에 따라 DTI, DSR을 구해보면 가능한 대출금액이 나옵니다. 분양시점에서는 정확한 계산결과를 얻기 어렵습니다. 금융위나 은행에 가도 확실한 답변을 받을 수가 없는데, 필요한 서류를 떼서 은행에 방문하면 대략적으로는 알 수 있습니다. 거주의무가 없는 곳이라면 최후의 보루로 전세를 준다고 생각해야 합니다. 주변 전세시세가 4억이라면 총 필요한 금액은 5,000만 원만 있으면 되겠네요.

이런 식으로 자금계획을 세우면 내 상황에서 분양가 얼마까지 청약할 수 있을지 대충 알 수 있습니다. 자금계획은 변수를 염두에 두고 보수적으로 수립하세요.

많은 사람들이 걱정하는 자금조달계획서, 하지만 Simple!

가장 많이 걱정하는 것 중 하나가 자금조달계획서일 텐데요. 생각보다 별거 없습니다.

특히 조정대상지역은 증빙자료를 따로 제출하는 게 아니기 때문에 모델하우스 직원의 도움을 받아 작성하면 됩니다. 무난하게는 입주시점에 전세를 준다고 적으면 굳이 자금 출처를 따로 적을 필요도 없습니다. 그렇다고 입주할 때 꼭 전세를 줘야 하는 것도 아니에요. 말 그대로 자금조달계획이기 때문에 중간에 얼마든지 변경돼도 상관없습니다.

투기과열지구의 자금조달계획서도 어렵진 않습니다. 그러나 불법적으로 증여를 받거나, 세금신고를 제대로 하지 않은 검은돈들은 여기서 다 걸립니다. 자금조달계획서랑 증빙자료를 토대로 시에서 검토하고 의심 가는 부분에 대해 소명을 요청합니다. 이때 제대로 소명하지 못하면 자금조달계획서는 국세청으로 넘어가게 되며, 국세청은 계좌를 열어볼 수 있는 권한이 있습니다. 뭔가 문제 되는 행동을 했었다면 여기서 세금폭탄을 맞을 수도 있습니다.

증여 대부분 증여에 대한 문제가 많은데 10년에 5,000만 원까지는 비과세지만 그 이상부터는 세금이 상당히 커집니다. 그래서 부모와 자식 간에 큰돈을 주고받을 때는 차용증을 작성하고 증여가 아닌 차용으로 하는 것이 세금 측면에서 유리합니다. 가족 간이라도 세법상 차용이자는 4.6%이며, 이때 이자비용에 대해서도 27.5%의 세금이 발생합니다. 이자비용이 낮을수록 세금이 줄어드는데, 세법상 이자인 4.6%와 실제 이자 차이가 연간 1,000만 원 이내라면 세법상 이자보다 낮출 수 있으니 절세에 활용해보세요. 예를 들어 다음 표를 보세요. 2억 1,700만 원까지는 법정이자 4.6%를 적용해도 실제 이자가 연간 1,000만 원을 넘지 않죠? 이때는 세금이 부과되지 않으니 이자를 0%로 봐도 괜찮습니다. 그 이상 되는 차용금액 이자부터는 최소 실제 이자율에 맞춰서 차용하면 됩니다.

단, 자금조달계획서에 차용했다고 작성하는 순간부터는 그 돈을 갚는 순간까지 국세청의 표적이 되니 자금 관리를 잘해야 합니다. 자칫 잘못하면 세금폭탄을 맞을 수 있으니 세무상담을 꼭 하고 진행하세요. 차용증을 쓸 때는 공증을 하는 게 가장 확실하지만, 비용이 부담스럽다면 우체국을 통해 내용증명을 해두는 것도 괜찮습니다. 가까운 우체국에서 진행하면 몇천 원이면 됩니다. 세금 문제가 생길 경우를 제외하면 자금조달계획서 작성은 생각보다 어렵지 않으니 당첨되기 전부터 긴장할 필요 없습니다. 웬만하면 입주시점에 전세 준다고 하는 게 편합니다.

증여받은 금액에 대한 세금 계산

금액	법정이자 4.6%	실제 이자율	이자소득세 27.5%	증여세	절세액 증여세 -이자소득세
217,000,000	9,982,000	0%	0	23,400,000	23,400,000
300,000,000	13,800,000	1.27%	1,040,000	40,000,000	38,960,000
400,000,000	18,400,000	2.11%	2,310,000	60,000,000	57,690,000
500,000,000	23,000,000	2.61%	3,575,000	80,000,000	76,425,000
600,000,000	27,600,000	2.94%	4,840,000	105,000,000	100,160,000
700,000,000	32,200,000	3.18%	6,105,000	135,000,000	128,895,000
800,000,000	36,800,000	3.36%	7,370,000	165,000,000	157,630,000

국세청 자금출처 조사 기준이 되는 총자산 금액은 본인의 나이, 세대주 여부에 따라 차이가 있으니 확인해두길 바랍니다. 만 30세 이상의 세대주는 주택 1.5억, 기타자산 5천만 원 이상이면 자금출처 조사를 받을 수 있고, 만 40세 이상의 세대주는 주택 3억, 기타자산 1억 이상이면 자금출처 조사를 받을 수 있습니다.

자금출처 소명이 필요할 경우, 취득자금 10억 미만은 자금출처 80% 이상 확인 시 전체소명으로 간주합니다. 취득자금 10억 이상은 입증하지 못한 금액이 2억 미만일 경우라면 전체소명으로 간주합니다. 20~40대 나이에 많은 자산을 가진 사람이라면 현재 자기 자산의 80% 이상은 소명이 가능해야 합니다.

자금조달계획서

자금출처 조사 기준

구분		취득재산	
		주택	기타자산
세대주인 경우	30세 이상	1.5억 이상	5천만 원 이상
	40세 이상	3억 이상	1억 이상
세대주가 아닌 경우	30세 이상	7천만 원 이상	5천만 원 이상
	40세 이상	1.5억 이상	1억 이상
기타	30세 미만	5천만 원 이상	5천만 원 이상

주택취득자금 조달 및 입주계획서

※ 색상이 어두운 난은 신청인이 적지 않으며, [ ]에는 해당되는 곳에 √표시를 합니다. (앞쪽)

접수번호		접수일시		처리기간	
제출인 **(매수인)**	성명(법인명)			주민등록번호(법인·외국인등록번호)	
	주소(법인소재지)			(휴대)전화번호	

① 자금 조달계획	자기 자금	② 금융기관 예금액	원	③ 주식·채권 매각대금	원
		④ 증여·상속	원	⑤ 현금 등 그 밖의 자금	원
		[ ] 부부 [ ] 직계존비속(관계:) [ ] 그 밖의 관계( )		[ ] 보유 현금 [ ] 그 밖의 자산(종류:)	
		⑥ 부동산 처분대금 등	원	⑦ 소계	원
	차입금 등	⑧ 금융기관 대출액 합계	주택담보대출		원
			신용대출		원
			그 밖의 대출	(대출 종류:)	원
			원		
		기존 주택 보유 여부 (주택담보대출이 있는 경우만 기재) [ ] 미보유 [ ] 보유 (건)			
		⑨ 임대보증금	원	⑩ 회사지원금·사채	원
		⑪ 그 밖의 차입금	원	⑫ 소계	원
		[ ] 부부 [ ] 직계존비속(관계:) [ ] 그 밖의 관계( )			원
	⑬ 합계				원
⑭ 조달자금 지급방식		총 거래금액			원
		⑮ 계좌이체 금액			원
		⑯ 보증금·대출 승계 금액			원
		⑰ 현금 및 그 밖의 지급방식 금액			원
		지급 사유 ( )			
⑱ 입주 계획		[ ] 본인입주 [ ] 본인 외 가족입주 (입주 예정 시기: 년 월)		[ ] 임대 (전·월세)	[ ] 그 밖의 경우 (재건축 등)

「부동산 거래신고 등에 관한 법률 시행령」제3조제1항, 같은 법 시행규칙 제2조제5항부터 제8항까지의 규정에 따라 위와 같이 주택취득자금 조달 및 입주계획서를 제출합니다.

년 월 일

제출인

(서명 또는 인)

시장·군수·구청장 귀하

자금 마련 영끌 방법

수억의 안전마진이 눈에 보이는데 자금이 부족해서 놓치는 것만큼 안타까운 일이 없습니다. 자금이 부족할 때 은행권 대출 외에 영끌 할 수 있는 방법을 몇 가지 소개하겠습니다.

1. 퇴직금 중간 정산

퇴직금은 꼭 퇴직할 때만 받을 수 있을까요? 회사마다 다르겠지만 일반 직장인이라면 첫 주택 구입 시 퇴직금 중간 정산을 받을 수 있습니다. 몇천만 원 정도는 메꿀 수 있으니 가능한지 회사에 확인해보세요.

2. 1금융권 신용대출

계약금을 낼 때 1금융권에서 신용대출을 받을 수 있습니다. 하지만 대출은 정책에 따라 변경될 수 있으니 빌릴 수 있을 때 빌려두세요. 미리미리 마이너스통장을 만들고, 빌릴 수 있는 한도를 최대한으로 늘려놓는 게 좋습니다.

3. 2금융권 신용대출

1금융권보다 금리가 높긴 하지만 대출조건이 덜 까다로워서, 1금융권 대출이 부족한 경우라면 차선책이 될 수 있습니다. 단위농협, 새마을금고, 신협, 시티 등 다양한 2금융권이 있는데 은행마다 대출조건이 다르니 여러 군데 발품을 팔아보길 바랍니다.

4. 인터넷 금융 신용대출

1, 2금융권까지 끌어모았으나 자금이 부족한 경우 카카오뱅크, 케이뱅크 등 인터넷 금융에서 추가로 대출을 받을 수 있습니다. 기존 대출이 있어도 신용도에 따라 추가 대출이 가능한 경우가 많으니 알아보세요.

5. 보험 및 예금 약관 대출

기존에 가입한 보험이나 예금이 있다면 그것을 담보로 대출을 실행할 수 있습니다. 대부분 청약통장이 있을 텐데, 청약통장을 해지하지 않아도 2%대의 금리로 대출을 받을 수 있습니다. 보험 중에서도 적립금이 쌓이는 상품은 약관 대출이 가능하니 꼭 확인해보세요. 요즘은 모바일로도 손쉽게 처리할 수 있습니다.

6. P2P 대출

여기서 말한 방법 중 가장 금리가 높은 대출입니다. 개인 대 개인(peer to peer)으로 이루어지는 대출 상품으로 대부업체가 중간에서 중개해주는 형태입니다. 금리가 대부분 10% 이상이지만, 기존 대출이 있어도 비교적 쉽게 대출을 받을 수 있습니다. 자금이 단기로 필요할 때라면 괜찮습니다.

7. 기존 재산 처분

본인이 가진 자산을 처분해서 목돈을 만드는 방법입니다. 누구나 알고 있지만 가장 실행하기 어렵고 시간도 많이 필요하니 미리미리 준비하세요.

8. 부동산 담보대출

기존 부동산 처분이 어렵다면, 그 부동산을 담보로 대출을 먼저 알아보길 바랍니다. 사업자를 내서 우회적으로 대출을 실행하는 방법도 있으니 대출상담사를 통해 진행해보세요.

9. 전세를 월세로!

거주 비용으로 목돈을 깔고 앉아 있다면, 미래의 안전마진을 위해 과감하게 월세로 바꿔서 목돈을 만드는 것도 좋은 방법이 될 수 있습니다.

중도금 대출 시 무조건 실입주해야 하나요?
: 거주의무와 전입의무, 전입 시나리오

분양가상한제 지역에서 분양을 받았다면 민간택지 2~3년, 공공택지 3~5년이라는 거주의무가 생깁니다. 이와 별개로 규제지역에서 중도금 대출을 실행하면 입주 후 6개월 이내에 전입해야 한다는 의무가 발생

합니다. 거주의무와 전입의무를 헷갈리는 사람들이 많은데 엄연히 다릅니다. 거주의무는 말 그대로 거주 가능일부터 거주기간을 채워야 하는 것이고, 전입의무는 전입기간에 상관없이 전입 자체만 하면 됩니다. 새로운 법령이 나오지 않는 한, 단 하루만 전입하고 주소를 옮겨도 전혀 문제될 것이 없는 거죠. 만에 하나 전입하지 못할 일이 생기더라도 청약 당첨이 취소되는 것이 아니라 3년간 주택담보대출 금지라는 페널티만 받게 됩니다. 전입하지 못한다면 페널티를 받고 전세를 주는 것도 방법이 될 수 있습니다.

1. 중도금 대출 안 받기

자금여력이 된다면 간단하죠. 중도금 대출을 받지 않으면 전입의무도 없습니다. 전부 자납하고 입주시점에 전세입자를 구하면 됩니다. 만약 등기 전에 분양권 상태로 전매를 고려한다면 중도금 대출을 실행해야 제값을 받고 팔 수 있으니 참고하세요. 자납한 물건은 투자자들의 투자금이 많이 들기 때문에 선호하지 않습니다.

2. 3년간 주택담보대출 불가 페널티 받기

전입신고를 하지 않고 전세입자를 맞춰서 그 전세금으로 중도금을 갚아버리면 됩니다. 군이 주택담보대출을 실행할 이유가 없어집니다. 하지만 다른 곳에서 대출이 필요한 상황이라면 주의해야 합니다.

3. 주택담보대출 실행 후 전세입자 구하기

실제로 전입을 하고, 주택담보대출을 받은 후에 천천히 세입자를 구하는 방법입니다. 그러면 기존에 중도금 대출받은 것도 해결되고 전입의무도 충족하게 됩니다. 하지만 세입자를 구할 때까지 이자를 내야 하고, 중도상환수수료가 높을 수 있다는 단점이 있습니다. 그래서 이자와 중도상환수수료가 낮은 은행을 찾아야 하는데, 보통은 둘 다 낮은 은행은 없고 이자가 높으면 중도상환수수료가 낮고, 중도상환수수료가 높으면 이자가 적은 곳이 대부분일 겁니다. 이때는 중도상환수수료가 낮은 은행을 선택하는 것이 좋습니다.

4. 구경하는 집 활용하기

보통 새로 입주하는 아파트의 전세 물량은 대규모로 쏟아지기 때문에 세입자 맞추기가 상당히 어렵습니다. 그래서 시세보다 저렴하게 내놓아야 하지요. 이럴 때 매달 내는 이자를 조금이라도 아끼는 방법으로 '구경하는 집'이 있습니다.

참고로 '구경하는 집'이란 신규아파트에 입주자가 입주하기 전에 인테리어 업체가 그 집을 빌려서 전체 인테리어를 한 후 약 2개월가량 영업하는 집을 말합니다. 인테리어 업체를 위한 모델하우스라고 생각하면 됩니다.

어차피 내가 실거주할 것이 아니기 때문에 가만히 놀리느니 구경하는 집으로 활용해서 매달 이자비를 아끼면 좋지요. 보통 사전점검을 하러 가면 전단지를 나눠주는 사람들이 많은데, 버리지 말고 잘 모아두었다가 가장 좋은 조건의 인테리어 업체를 선정할 때 쓰세요. 잘만 활용하면 매달 입금하는 비용 외에 입주청소와 관리비도 다 내주고, 관련 인테리어를 서비스로 해주기 때문에 장점이 많습니다. 하자보수도 알아서 해주니 예비 세입자들에게 집을 보여주기도 훨씬 편합니다. 하지만 인테리어를 엉망으로 하거나 AS도 없이 사라지는 곳들도 많으니 잘 알아보고 진행해야 합니다.

5. 대출 필요 없는 전세 세입자 구하기

전세자금 대출이 필요 없는 전세 세입자를 구해서 양해를 구한 뒤 먼저 전입신고를 하는 방법입니다. 전입신고 의무가 사라지고, 그 후에 전세 세입자가 전입신고를 하면 됩니다. 세입자에게 약간 번거로울 수 있어서 전세금을 시세 대비 낮춰주는 조건으로 활용하면 좋은 방법입니다. 세입자로서는 집주인이 먼저 전입신고를 해서 주택담보대출을 실행하거나 근저당을 잡을 확률이 있으니 상당히 불안할 겁니다. 그럴 때는 등기부등본을 떼서 직접 확인시켜 주세요.

Step 5.
청약 관련 세금 및 대출 정리하기:
취등록세, 양도세, 대출

안 그래도 복잡한 세금체계에서 부동산 관련 세금은 하루가 다르게 바뀌고 있습니다. 세무사들도 세법 개정이 너무 자주 돼서 부동산 관련 상담을 꺼리는 일도 있다고 합니다. 이 책에서는 방대한 내용은 다 빼고, 청약에 필요한 세금만 가볍게 다뤄보도록 하겠습니다. 대표적인 세금은 취등록세와 양도소득세가 있습니다.

1. 취등록세

1주택자의 취등록세는 주택가격에 따라 1~3% 정도입니다. 농특세랑 교육세까지 합하면 1.1~3.5%까지 나옵니다. 2주택은 8%, 3주택부터는 12% 중과됩니다. 법인은 주택수와 상관없이 12% 중과입니다. 다주택자를 막기 위해 취등록세를 엄청나게 올리는 바람에, 오피스텔이나 상가 등의 취등록세인 4.6%는 상대적으로 저렴해 보이기까지 합니다. 85m² 초과는 85m² 이하보다 0.2% 가산된다고 보면 얼추 맞습니다. 분양 시 아파트 옵션을 선택하면 그 비용까지 모두 합산해서 취등록세를 내야 하니 꼭 필요한 발코니 확장, 시스템 에어컨을 뺀 나머지는 입주할 때 공동구매 하는 것이 낫습니다. 꼭 기억하세요.

현재			개정		
개인	1주택	주택 가액에 따라 1~3%	개인	1주택	주택 가액에 따라 1~3%
	2주택			2주택	8%
	3주택			3주택	12%
	4주택 이상	4%		4주택 이상	
법인		주택 가액에 따라 1~3%	법인		

구분	1주택	2주택	3주택	법인·4주택 ~
조정대상지역	1~3%	8%	12%	12%
非조정대상지역	1~3%	1~3%	8%	12%

※ (적용례) ① 1주택 소유자가 非조정대상지역 주택 취득시 세율 : 1~3%
② 2주택 소유자가 조정대상지역 주택 취득시 세율 : 8%
③ 2주택 소유자가 非조정대상지역 주택 취득시 세율 : 8%

출처: 국토부

주택수 포함 여부

분양권, 입주권, 주거용 오피스텔 모두 주택수에 포함됩니다. 예를 들어 주거용 오피스텔이 한 채 있는데 다른 곳의 청약에 당첨되었다면 2주택이니 8%의 취등록세를 납부해야 합니다. 단, 오피스텔 분양권은 주택수로 보지 않아서 중과되지 않습니다. 반대로 1주택자가 오피스텔을 취득하게 되면 8%가 아닌 오피스텔 취등록세 4.6%만 적용받습니다. 그래서 여러 부동산을 취득할 계획이라면 아파트로 1주택을 먼저 마련한 후 오피스텔에 투자하는 게 좋습니다.

여러 부동산 자산을 세팅하기 위해 가장 중요하고도 기본적인 내용이 있습니다. 규제지역 아파트를 취득하고, 두 번째로 비규제지역 아파트 취득하면 취등록세가 중과되지 않는다는 것입니다. 그래서 첫 주택은 되도록 규제지역 내에 있는 아파트로 해야 합니다. 두 번째는 비규제지역 아파트, 여기서 조금 더 투자하고 싶으면 세 번째는 오피스텔이나 민간임대를 구입하면 됩니다. 반대로 비규제지역 아파트를 먼저 취득한 후 규제지역 아파트를 취득하면 취등록세가 중과되니 주의하세요. 순서만 잘 지키면 취등록세 중과 없이 아파트 두 채와 오피스텔 한 채를 가져갈 수 있습니다.

주택수 판단 시점은 분양권 계약일!

하나 더 짚고 가자면 흔히 헷갈리는 것 중 하나가 취등록세 주택수 판단 시점을 입주시점으로 잘못 알고 있다는 겁니다. 계약일 당시를 기준으로 주택수를, 잔금일 또는 등기일 중 빠른 날 즉 입주시점을 기준으로 세대와 지역을 판정합니다.

예를 들어 계약일 당시 본인의 주택수가 하나도 없었다면 무주택자라 취득세 중과가 없지만, 1주택자였다면 입주시점에 주택을 처분했어도 취득세가 중과됩니다.

또 입주시점에 세대원 중 주택을 소유한 사람이 있다면 취득세가 중과됩니다. 보통 형제자매는 세대구성원으로 보지 않는 경우가 많지만, 취득세와 양도세에서는 세대구성원으로 봅니다. 형제자매가 주택을 소유한 상태에서 새롭게 등기를 친다면 취득세 중과 대상입니다. 반대로 분양권 계약일에 세대구성원이 주택을 소유하고 있었어도 입주시점에 세대분리를 했다면 취득세 중과 대상이 아닙니다.

입주시점에 지역을 판단하는데, 분양권 계약일 당시 조정대상지역이었어도 입주시점에 비규제지역으로 완화되었다면 비규제지역 취득세를 적용받게 됩니다.

단, 취득세에서는 당첨자 발표일이 아니라 분양권 계약일을 기준으로 잡지만, 양도세는 '당첨자 발표일'이 기준이니 주의가 필요합니다. 세금, 청약 자격조건, 대출은 각각 기준이 다르니 하나씩 따로 공부하세요. 어설프게 알고 있으면 세금폭탄, 부적격 맞습니다.

생애최초, 첫 주택이라면 취득세 감면

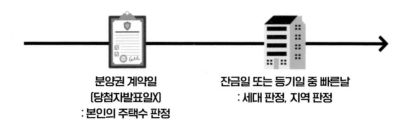

분양권 계약일
(당첨자발표일X)
: 본인의 주택수 판정

잔금일 또는 등기일 중 빠른날
: 세대 판정, 지역 판정

생애최초로 주택을 구입하면 면적 제한 없이 수도권은 4억까지, 비수도권은 3억까지 취등록세 50% 감면, 1.5억 이하는 100% 감면해줍니다. 단, 소득기준은 세대 합산 7,000만 원 이하여야 합니다. 감면기한은 22년 12월 31일까지로 연장되었으며, 앞으로도 연장될 가능성이 있습니다. 단, 감면받았다가 이자까지 붙여 다시 내야 하는 사유도 있으니 주의하세요.

- 취득일로부터 3개월 이내 상시거주 하지 않는 경우
- 취득일로부터 3개월 이내 1주택을 추가 취득한 경우
- 주민등록등본상 세대원 중 일부의 주택보유 사실이 확인된 경우
- 해당 주택 거주기간 3년 이내 매매·증여·임대를 한 경우

맨 마지막이 중요합니다. 3년 동안 매매나 전세를 줄 수 없다는 뜻인데, 비과세 조건인 2년 거주 후 전세를 맞추는 것이 일반적이라 의외죠? 앞으로 3년간 어떤 변수가 생겨 계획이 틀어질지 모르니 일단은

섣부르게 취득세를 감면받지 말고, 3년이 지난 후에 받는 걸 추천합니다. 생애최초 첫 주택 취득세 감면은 취득하고 5년 이내라면 신청할 수 있으니까요.

2. 양도세

가장 중요한 양도세는 21년 6월 1일을 기점으로 대폭 상향됐습니다. 실거주용 1주택이라면 상관없습니다. 2년 실거주하면 12억까지 비과세 혜택을 받을 수 있습니다. 원래는 9억까지였는데 12억으로 확대되었습니다. 비규제지역에서는 2년 보유만 해도 비과세 혜택이 가능합니다.

양도소득세율 인상(안) 2년 미만 단기 보유 주택에 대한 양도 소득세율 인상
※2021년 이후 양도분부터 적용 (1년 미만 40% → 70%, 2년 미만 기본세율 → 60%)

보유기간	현행			12.16대책	개선	
	주택 외 부동산	주택·입주권	분양권	주택·입주권	주택·입주권	분양권
1년미만	50%	40%	(조정대상지역) 50% (기타지역) 50%	50%	70%	70%
2년미만	40%	기본세율		40%	60%	60%
2년이상	기본세율	기본세율	기본세율	기본세율	기본세율	

다주택자 중과세율 인상 기본세율 6~42%	규제지역 다주택자	현행	개선
	조정대상지역 2주택	기본세율 + 10%p	기본세율 + 20%p
	조정대상지역 3주택 이상	기본세율 + 20%p	기본세율 + 30%p
	소득세법상 주택의 양도세 최고세율 적용시	62% (기본세율 42% + 20%p) →	72% (기본세율 42% + 30%p)

출처: 《연합뉴스》, 2020. 7. 10.

분양권 양도세, 다주택자 중과세율

분양권에 대한 양도세는 많이 증가했는데 1년 미만 70%, 1년 이상은 60%입니다. 비규제지역도 마찬가지로 적용받습니다. 비규제지역 전매제한이 6개월이긴 하지만 양도세가 너무 커져서 최소한 1년 이상은 갖고 있어야 10%라도 아낄 수 있습니다.

다주택자 중과세율도 10%씩 더 인상되어서 주택을 여러 채 소유하고 있다면 세금 계산을 꼼꼼히 해봐야 합니다. 커진 세금 때문에 비규제지역에서는 다운 계약서도 성행하고 있는데 투자를 길게 보고 불법적인 것은 하지 않길 바랍니다. 시간이 문제지 결국은 다 걸립니다.

양도세 기본 세율표

과세표준	세율	누진공제액
1,200만 원 이하	6%	
4,600만 원 이하	15%	108만 원
8,800만 원 이하	24%	522만 원
1.5억 이하	35%	1,490만 원
3억 이하	38%	1,940만 원
5억 이하	40%	2,540만 원
10억 이하	42%	3,540만 원
10억 초과	45%	6,540만 원

일시적 1가구 2주택 비과세 요건

평생 같은 집에서 사는 사람도 있지만 대부분은 이사를 하죠? 그래서 이사 가는 사람들까지 실거주자로 판단해서 일시적으로 2주택을 소유한 사람도 비과세를 받을 수 있는 제도가 있습니다. 이전에 살던 주택을 '종전주택', 새롭게 취득한 주택을 '신규주택'이라고 부릅니다. 조정대상지역에서 조정대상지역으로(투기과열지구도 포함) 이사할 때는 관련 법령이 2018년부터 계속 바뀌었기 때문에 다음 표를 잘 확인해야 합니다. 취득한 시기에 따라서 종전주택을 3년 안에 매도해야 하는지, 2년인지 1년인지가 다릅니다. 종전주택과 신규주택 중 하나가 비규제지역이라면 종전주택을 3년 안에 매도하기만 하면 일시적 1가구 2주택 비과세 혜택을 받을 수 있습니다.

종전주택	신규주택	일시적 2주택 기간	
조정대상지역	조정대상지역	2018. 9. 13. 이전 취득	종전주택 3년 내 매도
		2019. 9. 14.~ 2019. 12. 16. 취득	종전주택 2년 내 매도
		2019. 12. 17. 이후 취득	종전주택 1년 내 매도 + 신규주택 1년 내 전입
비규제지역	조정대상지역	종전주택 3년 내 매도	
조정대상지역	비규제지역		
비규제지역	비규제지역		

분양권 일시적 1가구 2주택 비과세 요건

취득세와 달리 양도세에서는, 2021년 1월부터 분양권도 주택수에 포함되기 때문에 일시적 1가구 2주택 비과세 적용을 받습니다. 말로 하면 복잡하니 다음 그림을 보세요. 종전주택A를 취득했습니다. 1년 후에 신규주택B 분양권을 취득(당첨자 발표일 기준)한 후 3년 이내에 매

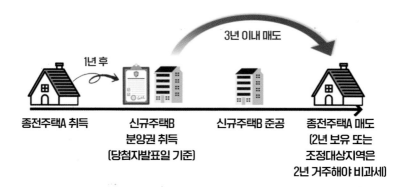

3년 이내 매도

1년 후

종전주택A 취득　　신규주택B　　　신규주택B 준공　　종전주택A 매도
　　　　　　　　　분양권 취득　　　　　　　　　　　　　　(2년 보유 또는
　　　　　　　　(당첨자발표일 기준)　　　　　　　　　　　조정대상지역은
　　　　　　　　　　　　　　　　　　　　　　　　　　　　　2년 거주해야 비과세)

도하면 종전주택A에 대해서는 비과세를 받을 수 있습니다. 이때 종전
주택A는 비규제지역이면 2년 보유, 조정대상지역 이상이면 2년 거주
하면서 보유해야 비과세 충족요건이 됩니다. 충족하지 못했다면 기본
세율을 적용받습니다.

　신규주택B가 기간 내에 완공되면 좋을 텐데 공사기간이 길어지는
경우가 종종 있죠? 그래서 예외사항을 하나 더 만들었습니다. 종전주
택A를 취득한 1년 후에 분양권을 취득해야 한다는 조건이 사라졌습니
다. 대신 취득 후 3년 내 매도 조건이 아니라 신규주택B가 완공된 후 2
년 내 매도하는 것으로 바뀌었죠. 단, 1년 이상 실거주가 필수조건으로
붙게 되었습니다. 분양권으로 갈아탈 계획이 있다면 꼭 알아야 하는 내
용입니다. 지금은 어려워 보이는데 나중에 청약 당첨된 후 다시 읽어보
면 쏙쏙 이해될 겁니다.

2년 이내 매도

| 종전주택A 취득 | 신규주택B 분양권 취득 (당첨자발표일 기준) | 신규주택B 준공 1년 이상 실거주 | 종전주택A 매도 (2년 보유 또는 조정대상지역은 2년 거주해야 비과세) |

3. 대출

대출을 잘 활용하면 좋은 레버리지 수단이 됩니다. 요즘 금리가 상승하고 있긴 하지만, 시계열을 길게 놓고 보면 아직은 저금리라고 볼 수 있습니다. 이런 시대에는 레버리지를 잘 쓰는 사람이 부의 추월차선을 탈 수 있습니다. 아직 대출에 대한 막연한 불안감이 있다면 자본주의에 관한 공부를 강력히 추천합니다. 유튜브나 EBS 다큐멘터리로 잘 정리된 많은 영상을 볼 수 있을 겁니다. 자본주의를 이해하지 못하면 절대 자본주의 사다리에 올라탈 수 없습니다. 대출도 공부해야 할 범위가 정말 넓지만 청약에 필요한 것만 정리해보겠습니다. 우선 LTV, DTI, DSR 기준을 알아야 합니다.

LTV 영어로 Loan to Value Ratio, 주택을 담보로 대출을 받을 때 인정되는 자산가치의 비율을 말합니다. 예를 들면 5억짜리 아파트의

LTV가 50%라면 2.5억까지 대출이 가능하다는 뜻입니다. 보통 투기과열지구에선 40%, 조정대상지역선 50%, 비규제지역에선 70%를 적용받습니다.

DTI 영어로 Debt to Income, 주택담보대출 연원리금과 기타 대출 연이자를 더한 후 연소득으로 나눈 값입니다. 소득 대비 연원리금을 보고 상환능력을 판단합니다.

DSR 영어로 Debt Service Ratio, DTI와 비슷한 개념이지만 주택담보대출 연원리금과 기타 대출 연이자가 아닌, 연원리금을 더한 후 연소득으로 나눈 값입니다. 아무래도 DTI보다는 큰 값이 나옵니다.

	DTI	DSR
용어	소득대비 얼마나 상환 가능할지 판단	대출원리금 상환액이 차지하는 비율
계산법	본건 주담대 원리금 + 타건 주담대 원리금 + 기타 대출 이자 ——————— 연간 소득	본건 주담대 원리금 + 타건 주담대 원리금 + 기타 대출 원리금 ——————— 연간 소득
	기타 대출 - 카드론, 신용대출, 학자금대출, 자동차할부금 등을 모두 포함	

* 원리금(元利金): 원금과 이자를 합친 돈

주택담보대출

표로 보면 이해가 더 쉬울 겁니다. 만약 소득이 1억일 때 주택담보대출 연원리금+기타 대출이자가 4,000만 원이면, DTI는 40%, 주택담보대출 연원리금+기타 대출 연원리금이 5,000만 원이면 DSR은 50%입니다. 중도금 대출 시에는 LTV만 보지만, 잔금대출을 실행할 때는 LTV와 DSR을 모두 봅니다. 소득이 낮다면 대출이 많이 안 나올 수도 있으니 자금계획을 보수적으로 세워야 합니다.

투기과열지구에서 9억까지는 40%, 9억 초과 15억 이하까지는 20%, 15억이 초과하면 하나도 나오지 않습니다(2022년 6월 현재 15억 초과도 대출할 수 있도록 논의 중). 조정대상지역에서 9억까지는 50%, 9억 초과 15억 이하까지는 30%가 나옵니다. 비규제지역에서는 70%까지 대출이 가능합니다.

여기에 서민, 실수요자 조건을 충족하면 추가 대출이 가능합니다. 이것도 약간 개선이 되었는데요. 무주택 세대주면서 부부합산 연소득이 0.9억 이하, 생애 처음으로 주택을 구입한다면 1억 미만까지, 투기과열지구 주택은 9억 이하, 조정대상지역 주택은 8억 이하라는 조건을 충족할 경우입니다.

투기지구라면 6억까지는 20%를, 6~9억 초과분은 10%만 추가 대출이 가능합니다. 9억 기준 LTV를 적용하면 최대 3.6억까지 나와야 하죠? 실제로는 6억까지는 3.6억, 초과분 3억의 50%인 1.5억까지 합해서 총 5.1억의 대출이 나옵니다. 하지만 그만큼 소득이 뒷받침해줘야 가능한 얘기입니다.

주택구입 목적 시 지역별 LTV·DTI 비율

주택가격	구분		투기과열지구 및 투기지역		조정대상지역		조정대상지역 外 수도권		기타	
			LTV	DTI	LTV	DTI	LTV	DTI	LTV	DTI
고가주택 기준 이하 주택 구입 시	서민실수요자		50%	50%	70%	60%	70%	60%	70%	없음
	무주택세대		40%	40%	60%	50%	70%		70%	없음
	1주택 보유세대	원칙	0%	-	0%	-	60%	50%	60%	없음
		예외	40%	40%	60%	50%	60%	50%	60%	없음
	2주택 이상 보유세대		0%	-	0%	-	60%	50%	60%	없음
고가주택 구입 시	원칙		0%	-	0%	-	고가주택 기준 이하 주택구입 시 기준과 동일			
	예외		40%	40%	60%	50%				

출처: 국토교통부

조정대상지역에서도 비슷한데 원래 8억짜리 주택이었다면 최대 4억이 나와야 하지만, 5억까지는 70%인 3.5억과 초과분 3억의 60%인 1.8억까지 합해서 총 5.3억이 나오게 됩니다. 서민 실수요자 대출은 중도금 대출에서도 가능합니다. 자금이 부족한 사람들은 다음 우대요건을 잘 활용해보길 바랍니다.

서민·실수요자 주택담보대출 우대요건 및 우대혜택 개선

구분	현행		개선안	
	투기지역 과열지구	조정대상지역	투기지역 과열지구	조정대상지역
(우대요건)	무주택 세대주(공통)		무주택 세대주(공통)	
① 소득기준	부부합산 연소득 0.8억(생초 0.9억)		부부합산 연소득 0.9억 이하 (생초 1.0억 미만)	
② 주택기준	6억 원 이하	5억 원 이하	9억 원 이하	8억 원 이하
(LTV 우대)	50%	60%	(~6억) 60%(+10%p) (6~9억) 초과분 50%	(~5억) 70%(+10%p) (5~8억) 초과분 60%

출처: 국토교통부

중도금 대출

중도금 대출은 은행에서 할 수 있지만, 각 보증사에서 보증해줘야만 실행할 수 있습니다. 대표적으로 주택도시보증공사(HUG)와 주택금융공사(HF)가 있습니다. 이 보증사들이 전세자금대출과 중도금 대출을 보증해줍니다. 규제지역 내에선 세대당 1건, 인당 3~5억의 대출한도가 있고, 비규제지역에서는 세대당 2건까지 가능합니다.

규제지역에서 중도금 대출을 실행한 후, 두 번째로 분양받은 비규제 주택의 중도금 대출이 실행되는 이유가 이것입니다. 반대의 경우는 불가능하고요. 1주택 마련은 단순히 실거주용이면서 인플레이션 헷지 수단에 그치지만, 두 번째 주택부터는 내 자산을 적극적으로 증식할 수 있는 기반입니다. 실거주용 내 집 마련은 필수로 하고, 두 번째 주택부터는 본인 성향에 따라 선택해보세요. 세금이 중과되지 않는 범위 안이라면 충분히 메리트 있다고 보입니다. 규제지역 내에 1주택이 있어도, 1주택 처분조건에 서약하면 다른 규제지역 아파트에 청약 추첨이 가능합니다. 마찬가지로 중도금 대출이 실행됩니다. 물론 처분조건에 서약한 사람만입니다.

대부분 오피스텔은 시행사 및 건설사 보증대출이라서 기존에 HUG나 HF 보증인 중도금 대출과는 전혀 상관없습니다. 개인신용이 너무 낮지 않은 한 추가대출은 무리 없이 실행됩니다. 알다시피 9억 초과 아파트는 중도금 대출 실행이 안 되지만 시행사나 건설사가 대출 보증을 선다면 실행됩니다. 대출에 대한 보증을 어디서 하는지 살펴본 후 나중에 오피스텔 투자에도 도전해보길 바랍니다. 간혹 오피스텔도 HUG 보증이 있으니 입주자모집공고를 잘 확인해보세요.

중도금 대출 보증 요건

구분	규제지역			비규제지역
보증사	투기지역	투기과열지구	조정지역	비조정지역
HUG	세대당 1건, 인당 5억			세대당 2건, 인당 5억
HF	세대당 1건, 인당 3억			세대당 2건, 인당 3억

※특이사항
규제지역 내 중도금 대출 보증이 1건 있더라도 비규제지역의 중도금 보증 1건 추가로 가능
(단, 반대 순서는 불가능)

Step 6.
청약단지 안전마진 구하기

안전마진이란?

청약할지 말지를 선택하는 기준 중 가장 중요한 건 '안전마진'입니다. 입주시점에 예상되는 시세가 아니라 현재가치에서 분양가를 뺀 금액으로 얼마나 보수적으로 접근할 수 있는지가 판단기준이 됩니다. 예전에 청약 당첨이 쉬웠던 시기가 있었죠. 분양가가 높고 공급이 많았던 시절에는 내 생활권, 직장과의 거리를 보고 청약을 했었습니다. 그러나 요즘처럼 공급이 부족하고, 분양가상한제와 주택도시보증공사(HUG)의 고분양가 관리로 분양가가 저렴한 시기에는 내가 직접 들어가 살 곳만 찾아서는 안 됩니다. 그보다는 분양가가 얼마인지, 안전마진이 얼마나 깔려 있는지가 더 중요해졌습니다. 시대가 바뀌었는데도 낮은 가점을 들고 본인 생활권만 청약하면 결과는 기대하지 않는 게 좋으니까요.

$$안전마진 \quad = \quad 현재가치 \quad - \quad 분양가$$

현재가치로 계산하는 이유?

당장 몇 개월 후의 부동산 가격도 예측할 수 없는데, 3~4년 뒤 특정 시점의 부동산 가격을 예측한다? 저는 절대 불가능하다고 봅니다. 부동산 몇십 년씩 한 사람들도, 강의하는 교수님들도 절대 못 맞힙니다. 맞히는 걸 본 적도 없습니다. 대략적인 방향 정도를 조심스럽게 예측하고, 현재 주변시세 대비 얼마나 메리트가 있는지를 파악하는 게 더 중요하다고 생각합니다.

예를 들어 주변 아파트가 15년식이고 5억에 거래된다면 바로 옆 신축 분양가는 5억에 나와도 충분히 메리트가 있는 거죠. 나중에 입주 시점이 되면 연식이 10년 이상 차이가 나는데 분양가가 같으면 누구나 신축을 선호할 겁니다. 하지만 부동산 상승기에선 주변시세는 계속해서 올라가고, 분양가는 옛날에 책정된 경우가 많아서 주변시세 대비 분양가가 저렴해 보이는 경우가 많습니다.

2020년부터 지금까지 청약경쟁률이 점점 올라가는 게 보일 겁니다. 아무리 가점이 낮아도 최소한 안전마진이 1억 이상인 곳에 넣는 게 좋다고 봅니다. 어차피 한 번 쓸 수 있는 청약, 입주시점에 1~2억 이상의 시세차익은 누려야죠. 특별공급이 있다면 주변시세 대비 2억 이상 저렴한 곳을 노려도 괜찮습니다. 특공은 진짜 평생에 한 번뿐이니까요. 가점이 높은 1순위나 특공 대상자라면 본인 가점에 맞게 넣어보세요. 이런 식으로 본인만의 기준을 잡고 어디를 청약할지, 건너뛸지를 결정하세요. 그냥 단순히 본인이 거주하는 곳이 아니라서, 소음이 심하다고, 지금 아무것도 없다고 건너뛰면 안 됩니다. 소중한 청약의 기회가 너무 아깝습니다.

내 가점에 적당한 안전마진
50점대면 안전마진 2~3억 이상
60~64점이면 3~4억
65~69점이면 5억 이상
70점 이상이면 7~8억 이상

이번 상담 중 73점에 자금이 많지 않은 분이 있었는데 서울 토박이였습니다. 동탄 대방디에트르에 충분히 당첨될 수 있는 가점이었는데, 출퇴근이 힘들다고 포기하는 걸 보았습니다. 최소 10억 이상의 안전마진이 보이는 곳이었는데 말이죠. 물론 저 정도 가점이면 서울의 좋은 곳에도 당첨될 수 있지만, 10억 이상 안전마진이 깔리긴 쉽지 않습니다. 분양가도 저렴했기 때문에 투자 수익률로 따지면 더 엄청나고요.

반포 래미안 원베일리의 안전마진이 15억이라도 투자금액이 15억이면 수익률은 100%밖에 안 됩니다. 하지만 동탄은 투자금이 1억이라고 했을 때 수익은 10억이기 때문에 수익률은 1,000%인 거죠. 이렇게 본인이 가진 상황에서 최상의 가성비를 찾아야 하는데, 내 가점이 낮은데 실거주 위주로만 청약하면 당첨은 어려울 수밖에요. 실거주할 곳과 투자할 곳이 정확히 일치하면 너무 좋겠지만 그럴 가능성은 희박하며, 원하는 단지는 계속해서 연기될 겁니다. 이걸 빨리 깨닫길 바랍니다.

안전마진 구하기

안전마진을 구하고 싶다면 주변의 실거래가 위주로 보면 됩니다. 입지가 완벽하게 똑같은 곳은 없을 겁니다. 연식도 어느 정도 차이가 나고요. 이게 공식처럼 10년 차면 10% 감가, 20년 차면 20% 감가라고 딱 정해지면 간단하니 좋을 텐데 지역마다 다 다릅니다. 그래서 본인 스스로 다양한 지역의 안전마진을 구해보는 연습이 필요합니다.

"아! 주변에 비슷한 신축이 없으면 인근 역에서 비슷한 거리에 있는 곳이랑 시세가 비슷하겠구나!"

"초등학교를 품고 있으면 주변시세보다 10% 정도 더하면 되겠구나!"

"전용면적 84m² 이상의 오피스텔은 59m² 아파트의 80% 시세까지는 쫓아가는구나!"

"59랑 84가 대략 70% 정도 차이가 나는 지역이구나!"

어차피 부동산은 주변에 거래되는 가격이 시세로 반영되기 때문에, 이런 식으로 자꾸 비교해서 가치를 찾는 연습을 해야 합니다. 여러 번 비교해볼수록 정확도는 점점 올라갑니다. 너무 어렵게 생각하지 말고 본인이 거주하는 지역부터 보세요. 일단 대장 아파트를 찾고, 그 시세를 기준으로 주변을 비교하면서 정확한 가치를 산정해보면 됩니다. 입지분석 하는 방법과 비슷한 맥락으로 하면 됩니다. 입지분석은 다음과 같은 정도면 충분합니다. 대부분 부동산 지인, 호갱노노, 네이버 부동산, 아실 등에서 확인할 수 있습니다. 자세한 방법은 3부의 사이트 및 어플 활용법 부분에서 다뤄보겠습니다.

입지분석 방법

- 도시별 인구수 파악
- 수요와 공급 확인
- 매매가 및 전세가 추이 확인
- 미분양 물량 확인
- 전출입 확인
- 경매 낙찰가 확인
- 개발호재 확인

Step 7.
당첨 확률을 극대화하는 10가지 필승전략
: 비인기 타입 공략법

"청무피사!"

들어본 적 있을까요? "청약은 무슨, 피 주고 사!"의 줄임말입니다. 이런 얘기가 있을 정도로 청약 당첨은 어렵습니다. 하지만 청약 세계의 규칙을 정확히 이해하면 분명 당첨의 길은 있습니다. 단, 청약에 대한 기본적인 마인드 세팅은 필요합니다. 청약시장에서 상대적으로 불리한 가점이 낮은 사람들은 이 책 맨 앞에 설명한 1부의 '당신만 청약 당첨이 안 되는 7가지 진짜 이유'를 완벽하게 이해하고, 부동산 입지에 관한 공부가 어느 정도는 되어 있어야 한다는 뜻입니다. 반포 래미안 원베일리가 좋은 건 누구나 다 압니다. 하지만 평택 고덕이 좋은지는 많은 사람이 몰랐기 때문에 미분양이 났었고, 그때 기회를 잡은 사람들은 수억의 시세차익을 냈습니다. 남이 아무리 좋다고 말해도 본인이 이해하지 못하면 선뜻 투자하기가 어렵고, 어떻게 투자했더라도 확신이 없으니 조금만 조정을 받아도 지옥인 겁니다.

청약 마인드 세팅이 끝났다면 이젠 실전입니다. 주변시세 대비 안전 마진이 1억 이상만 보인다면 내 생활권이 아니더라도 공격적으로 청약하세요. 당첨 확률을 1할이라도 올리기 위해 다음과 같은 비인기 타입을 찾는 전략이 필요합니다.

1. 판상형보다 타워형

익숙한 평면이 인기가 많을 수밖에 없습니다. 요즘 젊은 세대가 타워형을 선호한다고는 하지만 역시 판상형의 인기를 넘을 수는 없습니다. 나중에 보면 약 5% 정도일 뿐, 판상형과 타워형의 가격 차이가 엄청나게 크지도 않습니다. 하지만 분양 당시 경쟁률은 확실히 판상형보다 타워형이 적으니 당첨 확률이 올라가게 되죠. 가점이 애매하다면 차라리 입지 더 좋은 곳에 있는 타워형이 좋습니다. 순서는 판상형 > 맞통풍 불가 판상형 > 양창 타워형 > 단창 타워형 순으로 인기가 많으며, 뷰가 중요한 단지에서는 양창 타워형이 더 선호되기도 합니다.

판상형 중에서도 4베이 판상형이 가장 인기가 좋고, 그다음이 옛날 평면인 3베이 타워형입니다. 판상형은 복도와 주방이 맞통풍 된다는 점이 가장 큰 장점인데, 가끔 주방에 창이 없는 판상형이 있으니 꼼꼼히 확인하세요. 선호도에 따라서 맞통풍이 안 되면 가장 인기가 없을 수도 있습니다. 타워형이라도 양창으로 환기가 되는 양창 타워형이 있고, 한쪽으로만 환기가 되는 단창 타워형이 있습니다. 당연히 환기가 잘 되는 양창이 좋겠죠?

출처: 힐스테이트 검단 웰카운티 홈페이지

2. 남향보다 동향, 서향, 북향 순으로

해가 잘 드는 남향의 인기가 가장 좋고, 그다음이 남동향, 남서향, 동향, 서향, 북향 순입니다. 남동향과 남서향은 약간 호불호가 갈립니다. 아침 일찍 해가 드는 남동향은 아침형인 사람들에게 좋고, 비교적 해가 늦게 드는 남서향은 올빼미형 사람들이 좋아합니다. 다음 사진의 107동 배치를 보면 1호 라인이 동향, 2·3호 라인이 남동향, 4·5호 라인이 남향입니다. 예상대로 남향 타입의 인기가 가장 좋았습니다.

판상형+동향 vs 타워형+남향이면 보통 평면도를 더 중요하게 생각합니다. 보통은 판상형을 선호하죠. 하지만 단지 입지마다 다르고, 분위기에 따라 다르니 분양하는 곳이 어떤 곳인지를 잘 파악해둬야 앞으로 나오는 곳들의 흐름을 알 수 있습니다.

출처: 안산중흥S클래스 단지배치도

3. 모델하우스에 전시된 타입은 피하자

요즘은 코로나의 영향으로 불가능하지만, 예전에는 많은 사람들이 모델하우스에 가서 타입을 봤었습니다. 직접 가진 못하니 홈페이지에 가서 사이버 모델하우스라도 보세요. 아파트가 한두 푼 하는 게 아니라서 다들 신중하게 구입하고 싶어 합니다. 적어도 집구조가 어떻게 생겼는지는 보고 사야 하니 관람할 수 있는 타입이 있으면 그 타입에 꽂힐 수밖에 없습니다.

시행사 측에서도 모든 타입을 다 만들 수 없으니 주력으로 밀고 있는 타입의 모델을 만들죠. 그래서 모델하우스에 있는 타입은 사람들이 몰릴 수밖에 없습니다. 하지만 여기저기 여러 모델하우스를 이미 봤다면 굳이 직접 가서 보지 않아도 평면도만으로 감이 올 겁니다. 되도록 모델하우스에 전시되지 않은 타입에 넣어서 경쟁을 피해야 합니다.

4. 국민평형 84는 피하자

'국민평형'이라고 불리는 84타입은 가장 인기가 좋습니다. 전용85를 기준으로 세금이 더 부과되기도 하고, 4인 가족이 살기에 딱 좋은 크기라서 항상 경쟁이 치열합니다. 당첨이 목표라면 되도록 84는 피하고 작은 타입을 노려보세요. 최소 전용59까지는 괜찮다고 봅니다.

요즘 나오는 전용59는 조금 작긴 하지만 방 3개, 화장실 2개로 영유아를 키우는 4인 가족이나 3인 가족이 살기에는 좋은 크기입니다. 전용59 미만부터는 수요층이 대폭 줄어들며 신혼부부에게 적합합니다. 신혼부부도 자녀가 생기면 더 큰 아파트를 찾아야 하니 아무리 당첨이 목표라도 전용59까지만 보세요. 물론 시세차익이 크게 예상되는 곳이라면 작은 타입이라도 괜찮습니다.

옛날에는 84랑 59 중간인 74가 어중간해서 인기가 덜 했었는데, 요즘 경쟁률을 보면 74가 59보다 높습니다. 시대에 따라 인기 타입이 달라지니 꾸준히 청약경쟁률 추이를 확인해야 합니다. 일반적으로 불경기 때는 작은 타입의 인기가 좋고, 호황기 때는 큰 타입의 인기가 좋습니다.

5. 분양가가 주변시세 대비 저렴하다면 대형평수가 더 인기

분양가상한제를 적용받거나 고분양가 통제를 받아서 평당 분양가가 저렴하게 나온 사업지는 대형평수의 인기가 좋습니다. 평수는 큰데 평당 분양가가 작은 평수나 큰 평수 모두 같으니 당첨됐을 때 안전마진이 커지기 때문입니다. 보통은 84타입 인기가 가장 좋고, 분양가가 주변시세 대비 저렴하면 대형평수 경쟁률이 높은 게 일반적입니다. 요즘은 비대면이 많아지면서 자택근무도 많이 하고 집에 있는 시간이 많아지다 보니 대형평수를 선호하는 현상이 있습니다.

평택 지제역자이를 보면, 저가점자들이 추첨제 물량을 목표로 85 초과 물량을 노린 것도 있지만, 주변시세 대비 저렴하게 분양해서 다들 대형평수로 몰렸습니다. 85 이하에서는 추첨제 25%, 85 초과에서는 추첨제 70%이다 보니 경쟁률이 치열하더라도 당첨 확률은 더 높다고 판단했기 때문입니다. 참고로 펜트하우스나 테라스 물량은 귀해서 언제나 인기가 많으니 고가점자가 아니라면 다음 기회를 노리는 게 좋습니다.

평택 지제역자이

APT 분양정보/경쟁률 검색 조회결과

주택형	공급 세대 수	순위		접수 건수	순위내 경쟁률 (미달 세대수)	청약결과	당첨가점			
							지역	최저	최고	평균
059.9892A	54	1순위	해당지역	1,228	22.74	1순위 해당지역 마감 (청약 접수 종료)	당첨자발표일 이후 공개			
			기타지역	0						
		2순위	해당지역	0						
			기타지역	0						
059.9965B	54	1순위	해당지역	1,024	18.96	1순위 해당지역 마감 (청약 접수 종료)	당첨자발표일 이후 공개			
			기타지역	0						
		2순위	해당지역	0						
			기타지역	0						
074.9916A	55	1순위	해당지역	1,288	23.42	1순위 해당지역 마감 (청약 접수 종료)	당첨자발표일 이후 공개			
			기타지역	0						
		2순위	해당지역	0						
			기타지역	0						
074.9946B	53	1순위	해당지역	996	18.79	1순위 해당지역 마감 (청약 접수 종료)	당첨자발표일 이후 공개			
			기타지역	0						
		2순위	해당지역	0						
			기타지역	0						
084.9953A	130	1순위	해당지역	4,437	34.13	1순위 해당지역 마감 (청약 접수 종료)	당첨자발표일 이후 공개			
			기타지역	0						
		2순위	해당지역	0						
			기타지역	0						
084.9807B	130	1순위	해당지역	2,809	21.61	1순위 해당지역 마감 (청약 접수 종료)	당첨자발표일 이후 공개			
			기타지역	0						
		2순위	해당지역	0						
			기타지역	0						
097.9855A	44	1순위	해당지역	2,479	56.34	1순위 해당지역 마감 (청약 접수 종료)	당첨자발표일 이후 공개			
			기타지역	0						
		2순위	해당지역	0						
			기타지역	0						
097.9935B	43	1순위	해당지역	2,660	61.86	1순위 해당지역 마감 (청약 접수 종료)	당첨자발표일 이후 공개			
			기타지역	0						
		2순위	해당지역	0						
			기타지역	0						
099.9867P	3	1순위	해당지역	204	68	1순위 해당지역 마감 (청약 접수 종료)	당첨자발표일 이후 공개			
			기타지역	0						
		2순위	해당지역	0						
			기타지역	0						
113.9887P	2	1순위	해당지역	198	99	1순위 해당지역 마감 (청약 접수 종료)	당첨자발표일 이후 공개			
			기타지역	0						
		2순위	해당지역	0						
			기타지역	0						

출처: 청약홈

6. 비슷한 조건이면 물량이 적은 것으로

이 내용이 어떻게 보면 가장 중요하고, 많은 사람이 간과하는 내용이기도 합니다. 청약을 공부하다 보면 사람 심리가 다 비슷하다는 걸 느끼게 되는데 똑같은 크기라도 공급 세대수가 많은 타입에 더 많은 사람이 몰립니다. 세대수가 많으면 당첨될 것이라는 착각!

덕은 삼정그린코아 더 베스트의 91A 타입과 91B 타입은 거의 비슷했습니다. 다만 공급 세대수가 2배 이상 차이가 났죠. 경쟁률 차이는 2배 이상이었습니다. 이뿐만이 아니라 당첨가점 커트라인도 무려 12점이나 벌어졌으니 정말 엄청나죠? 57~68점인 사람들이 A 타입에 넣었으면 탈락, B 타입에 넣었으면 당첨이었습니다.

이 심리를 반대로 이용해서 물량이 적은 곳에 넣어보세요. 단, 물량이 20개 미만으로 완전히 소량이면 예외입니다. 특정 청약강사가 찍어주거나 유튜버들이 언급만 해도 경쟁률이 기하급수적으로 올라갑니다. 확률적으로 봐도 20개 미만 소량이면 경쟁이 더 치열할 확률이 높으니 굳이 도박할 필요는 없다고 봅니다. 물량 많은 타입을 놔두고 적은 타입에 넣는다는 게 막상 쉽지 않지만, 그동안의 경쟁률 데이터를 보면 어느 정도 확신이 생길 겁니다. 이런 정보도 많은 사람이 알게 되면 반대의 결과가 나올 수 있겠죠? 그때가 되면 그때만의 전략을 만들어 보겠습니다.

7. 비슷한 조건이면 알파벳 뒷자리 타입으로

평면도, 세대수 등 앞에 언급한 기준들이 고려되어야 하지만, 다 비슷한 조건이라면 알파벳 뒷자리의 당첨 확률이 높습니다. 이것도 사람의 심리인데 A, B, C 타입이 있으면 가장 앞에 있는 A 타입에 먼저 눈이 갑니다. 특히, 청약 공부를 하지 않은 사람일수록 이것저것 따지지 않고 가장 앞에 있는 타입에 넣을 확률이 높습니다. 그러니 같은 값이면 알파벳 뒷자리 타입을 노려보세요.

검단역 금강펜테리움 더 시글로

주택형	공급 세대수	순위		접수 건수	순위내 경쟁률 △미달 세대수	전체 경쟁률	당첨가점		
							최저	최고	평균
84A	30	1순위	해당지역	738	49.20	65.33			
			기타지역	1,222	129.67				
84B	58	1순위	해당지역	907	31.28	42.02			
			기타지역	1,530	83.03				
84C	84	1순위	해당지역	1,823	43.40	58.44	당첨자발표일 이후 공개		
			기타지역	3,086	115.88				
84D	15	1순위	해당지역	403	50.38	73.73			
			기타지역	703	156.86				
84E	15	1순위	해당지역	397	49.63	75.93			
			기타지역	742	161.57				

무조건 알파벳 뒤쪽을 선택하라는 게 아니라 평면도와 세대수를 먼저 고려한 후, 모든 조건이 비슷하면 그렇게 하는 게 당첨될 확률이 높다는 뜻이다.

8. 비슷한 조건이면 방 개수가 적은 것으로

같은 84타입이라도 방이 4개인 평면이 있고, 3개인 평면이 있습니다. 같은 값이라면 방의 개수가 많은 타입의 경쟁률이 높습니다. 나중에 매도할 때도 찾는 수요가 많으니 더 비싼 값에 매도할 수 있죠. 참고로 간혹 방 2개를 하나로 트는 사람들이 있는데, 투자 측면에서 보면 바람직한 방법은 아닙니다.

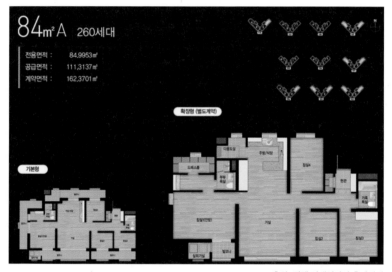

출처: 평택 지제역자이 홈페이지

9. 자금이 여유롭다면 중도금 대출이 불가능한 타입으로!

10. 1순위 경쟁률은 대부분 특별공급 경쟁률에 비례

가장 간단하면서도 확실한 방법입니다. 1순위를 준비하는 사람이라면 이것저것 복잡하게 알 필요 없이 특공 경쟁률만 보면 됩니다. 간혹 치열한 눈치게임의 결과, 특공 경쟁률과 반대로 나올 때도 있긴 하지만 90% 이상의 확률로 특공 경쟁률에 비례합니다. 특공 경쟁률을 따라서 1순위로 청약하면 중간은 갑니다.

Step 8.
피가 되고 살이 되는
사이트 및 어플 활용법

요즘 어플이나 사이트가 워낙 잘 정리되어 있어서 손품이 정말 중요해
졌습니다. 그냥 임장 가서 발품을 파는 것과 손품을 충분히 팔고 임장
가는 것은 하늘과 땅 차이입니다. 유용한 사이트와 어플이 정말 많지
만, 그중에서도 도움이 될 만한 핵심적인 것들을 보겠습니다. 다른 부
분은 읽는 것만으로도 도움이 되지만, 이것들은 꼭 시간 내서 이것저
것 눌러봐야 진가를 알 수 있게 됩니다. 상상 이상으로 좋은 기능들이
정말 많습니다. 이 중 하나만 제대로 숙지해도 큰 도움이 되지만, 각각
강점이 있으니 되도록 다 알아두세요. 인터넷 사이트로 바로 들어가도
되고, 대부분 어플이 따로 있으니 스마트폰에 설치한 후 이용하면 됩
니다.

① 지도 어플:
호갱노노, 네이버부동산, KB부동산, 카카오맵

호갱노노 https://hogangnono.com

부동산을 공부한 사람들이라면 한 번쯤 사용해봤을 겁니다. 대표적인 기능으로 전세가와 실거래가 및 매매가 추이를 볼 수 있습니다. 이뿐만 아니라 대략적인 개발호재, 시세변동, 인구 증가 감소 추이, 학원가 및 상권, 분위지도 등도 볼 수 있습니다.

관심 있는 아파트 단지를 검색하거나 지도에서 클릭하면 세대수, 연식, 용적률, 건폐율을 비롯한 실거래가와 전세가에 대한 전반적인 정보를 자세히 얻을 수 있습니다.

변동 '변동'을 누르면 실거래가 가격변동을 볼 수 있고, 기간도 별도로 설정할 수 있어서 가격흐름을 읽는 데 큰 도움이 됩니다.

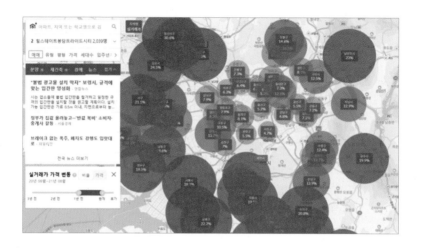

거래량 가격변동뿐만 아니라 거래량도 함께 비교해볼 수 있습니다. 작년 해당 월에 평균적인 수치와 비교해서 값을 보여주기 때문에 지난 연도 대비 거래량이 많은지 적은지 알 수 있죠. 거래량 감소는 일반적으로 하락기에 나타나는 징후로 받아들입니다. 21년도만 해도 거래량이 감소한 반면 신고가를 갱신하는 곳들이 전국적으로 많은 것을 보면 한두 가지 데이터로 집값을 판단하는 건 무리가 있습니다. 다양한 데이터를 보면서 부동산 가격에 대해 감을 잡아보길 바랍니다.

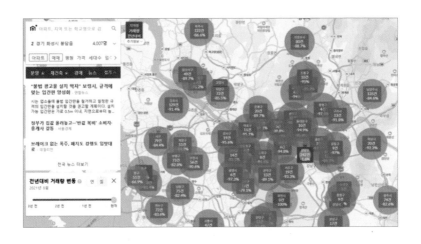

학원가 및 상권 주변 상권과 학원가가 어디에 밀집해 있는지 볼 수 있습니다. 직접 임장해보지 않더라도 간접적으로 학군 좋은 곳이 어딘지, 상권 좋은 곳이 어딘지 알 수 있는 거죠. 학원가가 많은 곳은 수요가 많아 전세가가 높게 형성되고, 나중에 세입자를 구하기도 쉽습니다. 전세가가 높게 형성될수록 매매가를 밀어서 높아지기 때문에 보수적으로 접근하는 사람일수록 학원가가 밀집해 있는 곳 근처가 좋습니다. 여기에 초등학교를 품고 있는 초품아 아파트라면 금상첨화겠지요. 중학교랑 고등학교는 조금 멀리 떨어져도 학업성취도가 좋고, 좋은 대학교에 많이 보내는 곳이면 괜찮지만, 아직 미숙한 초등학생들은 등하교가 안전한 게 최우선입니다.

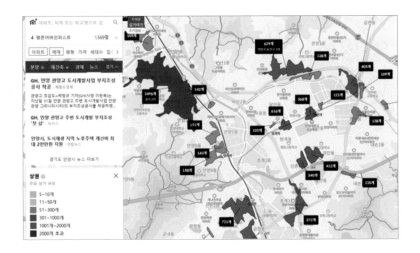

분위지도 주변 아파트의 가치를 상대적으로 볼 수 있는 기능입니다. 낯선 지역에 임장 가기 전에 '분위지도'를 눌러보면 어디가 대장 아파트인지 쉽게 찾을 수 있습니다. 특히 처음 가보는 지방에 임장할 때 전체적인 가격 분포도를 알 수 있어서 활용도가 상당히 높습니다.

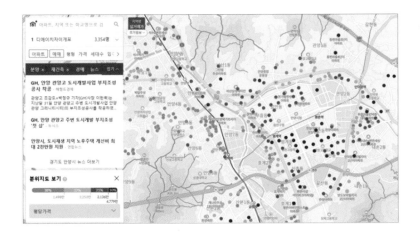

개발호재 호갱노노에서 가장 활용도가 높은 개발호재 보기, 앞으로
실현될 호재들을 미리 지도에 표시해 놓아서 그 지역의 호재를 파악하
기 쉽습니다. 호재 실현 가능성에 따라 지역 간 분쟁이 발생할 수 있다
는 우려 때문에, 지금은 로그인 후 '설정'에서 '개발호재'를 체크해야
만 해당 정보를 볼 수 있습니다. 새로 생길 3기 신도시의 위치, 지하철,
GTX, 고속도로를 간접적으로 볼 수 있어 앞으로의 미래가치를 측정하
는 데 큰 도움이 되는 기능입니다.

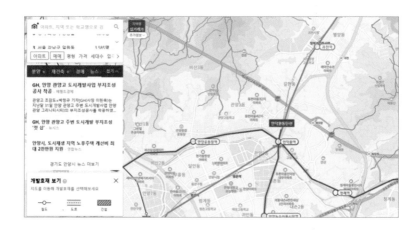

네이버부동산 https://land.naver.com/

호갱노노와 기능은 비슷합니다. 간혹 분양권 다운 거래가 있으면 실거래가가 낮게 나오기 때문에, 호가를 확인하기 위해 네이버 부동산에서 한 번 더 확인합니다.

실제 부동산중개소 연락처도 나와 있으니, 임장 전에 미리 연락해보면 전문적이고 친절한 소장님을 찾는 데 도움이 됩니다. 한 가지 더 팁을 주자면 부동산중개소를 선택할 때는 해당 아파트와 가까운 곳에 있는 곳일수록 매물을 많이 갖고 있을 확률이 높습니다. 부동산중개소가 워낙 많아서 선택이 어려울 수 있지만, 몇 군데 전화해보면 어디로 가야 할지 답이 나올 겁니다. 한 번 인연이 된 소장님과는 관계를 잘 쌓아두세요. 지역마다 매물 많고 능력 좋은 소장님과 인맥을 쌓을 수만 있다면 여러분은 이미 반은 성공한 겁니다. 괜히 중개비 깎지 마세요. 소장님에게 잘해준 만큼 좋은 물건이 당신에게 먼저 옵니다.

KB부동산 https://kbland.kr

KB부동산도 비슷한 플랫폼인데 여기서는 KB시세를 정확히 볼 수 있습니다. 필요한 자금이랑 세금까지 계산해주기 때문에 확실히 편합니다. 비슷한 어플 중 '아실'이 있는데, 경매정보도 함께 나오니 경매에 관심이 있다면 눈여겨보길 바랍니다.

특히 KB부동산에서는 매매가격증감률 확인이 가능합니다. 매주 금요일에는 지난주의 매매가격과 전세가격 변동 추이가 업데이트되고, 그동안의 가격변화 추이를 한눈에 볼 수 있는 KB시계열이 있습니다. 전국의 부동산 가격이 어떻게 변화하고 있는지 쉽게 알 수 있으니 매주 금요일에 확인해보세요.

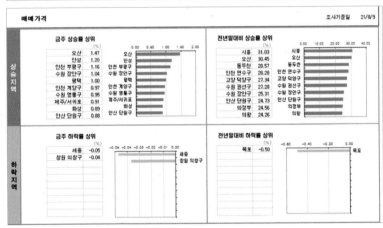

카카오맵 https://map.kakao.com/

거리, 면적, 반경 재기 호갱노노, 네이버 부동산 등에서도 거리, 면적, 반경 재기 등의 기능을 활용할 수 있습니다.

로드뷰 로드뷰를 통해서 직접 가지 않더라도 실제 길거리를 볼 수 있고, 과거의 모습과 현재 모습을 확인할 수 있습니다.

지적편집도 및 행정경계 지적편집도를 통해 주거지역인지 상업지역인지 공업지역인지를 확인할 수 있고, 행정경계를 구분할 수도 있습니다. 아파트는 주거지역에 들어가고, 주상복합은 상업지역에 들어갑니다. 처음에는 낯설게 느껴질 수 있지만 계속 보다 보면 일정한 공통점을 발견할 수 있습니다.

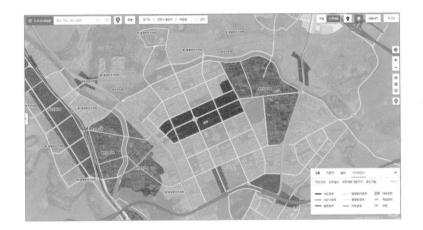

② 빅데이터: 부동산지인

임장 전에 뭘 알아야 할까요? 부동산지인을 통해 다음과 같은 내용만 파악해도 90% 이상의 정보를 얻을 수 있습니다. 나머지 10%를 채우러 임장을 가야지, 아무것도 모르고 임장하러 가면 남는 게 없습니다. 자주 들어가서 이런 정보들과 친해지길 바랍니다.

수요와 공급 부동산 투자에서 중요한 부분 중 하나인 수요와 공급 상태를 알 수 있습니다. 누구나 볼 수 있는 이 지표를 맹신하면 안 되겠지만 이것만 따라가도 중간은 갑니다. 청약받은 아파트의 입주가 2024년이라고 가정해보세요. 그때 전세를 주려는데 공급이 상대적으로 적다면 전세가를 좀 높여도 빨리 뺄 수 있을 겁니다. 하지만 반대의 경우라면 본인이 직접 거주하는 게 나을 수 있습니다. 이런 식으로 수요와 공급 데이터를 활용해 미래 계획을 세워보세요.

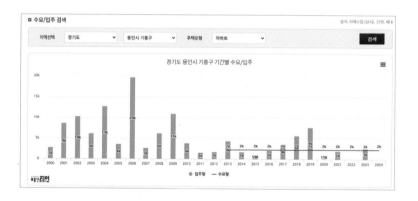

인구 전출입 도시 인구의 감소/증가 여부나 어디로 사람들이 몰리고 있는지를 확인할 수 있는 지표입니다. 인구수는 아파트 수요와 깊은 관련이 있으니 인구수가 많아지는 지역을 눈여겨볼 필요가 있습니다.

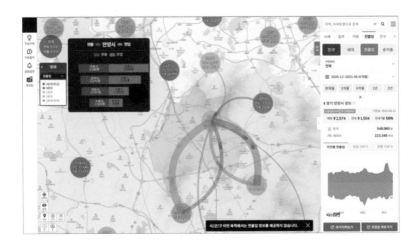

지역분석 매매가와 전세가의 위치를 통해 상대적으로 저평가되어 있는지 고평가되어 있는지를 알 수 있습니다. 아무래도 전세가는 높을수록, 매매가는 낮을수록 투자자가 들어올 확률이 높겠죠? 100%는 아니지만 대략이나마 각 지역의 서열을 잡을 수 있습니다.

미분양 미분양이 쌓이기 시작하면 주택가격 하락의 전조로 볼 수 있습니다. 먼저 미분양이 나는 원인, 예를 들면 공급이 많아서 그런지, 주변시세 대비 분양가격이 높아서 그런지 등을 파악하세요. 만약 공급과잉이 원인이라면 투자로 접근할 때 조심해야 합니다.

매매가 및 전세가 추이 매매가와 전세가의 추이를 한눈에 볼 수 있습니다. 시장강도도 별도로 볼 수 있는데, 그것보다는 매매가와 전세가 움직임이 더 중요하고 정확한 지표라고 할 수 있습니다.

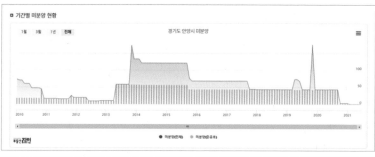

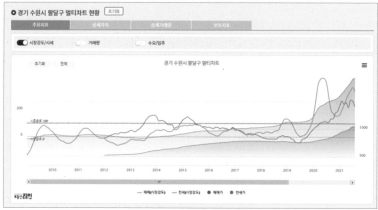

③ 경매 사이트: 굿옥션(유료), 아실(무료)

경매 낙찰가는 앞으로 부동산이 어떻게 움직일지를 알 수 있는 선행지표입니다. 낙찰가가 감정가보다 높게 형성된다면 앞으로 상승여력이 크다고 볼 수 있고, 반대라면 하락할 가능성이 크다고 볼 수 있죠. 앞으로의 부동산 방향이 궁금하다면 선행지표인 낙찰가를 확인하는 습관을 들이길 바랍니다. 대략적인 방향성은 잡을 수 있습니다.

아실 https://asil.kr/: 아실은 인구수, 미래공급물량, 가격변동, 매수심리, 갭투자 현황, 거래량 순위 등 매물을 평가하기 위한 정보를 얻을 때 유용합니다.

④ 부동산 계산기 http://부동산계산기.com

세금은 세무사를 통해서 계산하는 게 맞지만, 대략적인 금액은 부동산 계산기를 이용해도 됩니다. 취등록세, 보유세, 양도세, 증여상속세, LTV, DTI, DSR 등 부동산 투자에 필요한 전반적인 것들을 알 수 있습니다.

⑤ 세무통, 법무통

비싼 세무비용, 법무비용이 고민일 때가 있을 겁니다. 세무통, 법무통 어플을 이용해 내 상황을 올려두면 가장 저렴하게 제시한 전문가를 찾아 의뢰할 수 있습니다. 본인이 직접 발품 팔지 않아도 견적을 보내줍니다. 중고차로 따지면 '헤이딜러'와 비슷합니다.

⑥ 청약정보 사이트: 리얼캐스트, 닥터아파트

　청약정보를 얻을 수 있는 사이트는 청약홈, 부동산114 외에도 여러 곳이 있습니다. 청약일정은 기본적으로 청약홈에서 보면 되고, 기관추천 특별공급은 각 해당 사이트에 공고문이 올라옵니다. 2부 특별공급 편에서 다뤘으니 참고하세요. 아파트 외에 오피스텔, 생활형 숙박시설, 민간임대 정보는 부동산114를 통해 확인할 수 있습니다. 간혹 공고되지 않는 곳도 있는데 그럴 때는 건설사 홈페이지를 확인하면 됩니다. 더 정확한 청약정보를 얻을 수 있습니다.

힐스테이트 양주옥정 파티오포레(블록형단독)

- 위　치　경기 양주시 옥정동
- 전용면적　84
- 총가구수　809
- 건설사　현대건설

현대건설이 경기 양주신도시 옥정지구에 짓는 블록형 단독주택 '힐스테이트 양주옥정 파티오포레'를 분양합니다. 중정, 테라스, 정원 등 단독주택의 장점과 아파트 커뮤니티 시설 등의 장점을 갖춘 단지입니다. 서울지하철 7호선 연장(예정) 옥정역이 개통되면 서울로의 접근이 한층 개선될 전망입니다. 독바위공원 등 주변으로 공원이 인접해 주거환경이 쾌적합니다.

리얼캐스트 www.rcast.co.kr: 매주 청약정보가 올라올 뿐만 아니라 청약단지에 대한 세줄 요약을 볼 수 있어 파악하는 데 도움이 됩니다. 청약홈과 함께 가장 많이 보는 사이트입니다.

닥터아파트 www.drapt.com: 사람들의 관심이 많은 베스트 분양단지를 한눈에 볼 수 있습니다.

⑦ 3D 단지투어: 직방

직방 3D 단지투어를 이용하면 아직 지어지지 않은 아파트의 일조량이나 뷰를 볼 수 있습니다. 청약 당첨된 후에 우리집 일조량은 어떤지, 뷰는 잘 나오는지 확인해보세요. 아직은 베타버전이라 모바일에서만 볼 수 있습니다.

해외 거주 부린이,
힐스테이트 리슈빌강일 도전기

저는 윤테크(이하 '윤쌤')를 만나면서 아파트 청약에 눈을 뜨고, 첫 아파트 청약에 당첨까지 된 부린이 중에서도 상 부린이, 그리고 해외 거주자입니다.

2020년 10월 중순쯤이었습니다. 한국을 떠난 지 3일째라서 자가격리를 하다가 우연히 유튜브에서 윤쌤을 만나게 되었습니다. 곧바로 회원가입을 했고, 아파트 당첨이라는 부푼 꿈을 안은 채 한 달 만에 다시 한국으로 돌아왔습니다. 해외에 사는지라 한국에 있는 사람들과는 상황이 많이 달랐습니다. 일반분양 조건을 채우려면 가족들이 한국에 들어와야 하는 수고가 필요했죠. 아무것도 모르는 저로서는 윤쌤한테 매달릴 수밖에 없었는데, 힘들어할 때마다 항상 조언과 격려로 도움이 되어주셨습니다.

제가 해외에 살아서 청약 당첨이 되더라도 전세를 줘야 하고, 개인적인 사정상 무조건 2021년 2월 19일 이전에 당첨되어야 했습니다. 윤쌤이 제 상황에 맞는 청약 아파트 리스트를 주셨고, 그

240

첫 번째 아파트가 힐스테이트 리슈빌강일이었습니다. 그런데 3번이나 모집공고일이 연기돼서 얼마나 애를 태웠는지 모릅니다.

드디어 결전의 날 12월 29일. 힐스테이트 리슈빌 강일은 다양한 타입과 집 구조의 끝판왕이었지만 그 덕분에 오히려 구멍이 생겨서 당첨 확률이 높을 수 있다는 조언과 함께 윤쌤이 콕 짚어준 타입으로 지원했습니다. 수능 후 대학 지원하던 그 느낌 그대로, 당첨자 발표일까지의 조마조마함이란….

당첨자 발표일 전날 저녁부터 함박눈이 내리기 시작했습니다. 발표가 있을 자정까지 1시간여가 남았을 때 진정도 시킬 겸 나갔다가 돌아왔을 때는 자정이 약간 지난 시각이었죠. 윤쌤의 카톡 문자가 와 있었습니다. '확인해보셨나요?' 떨리는 마음으로 확인한 결과는 당첨! 그날은 거의 뜬눈으로 지새웠던 것 같습니다. 끝까지 청약에 당첨이 되도록 이끌어준 윤쌤께 감사의 마음을 전합니다.

PART

4

기회의 땅,
3기 신도시

3기 신도시란?

3기 신도시는 정부가 추진 중인 수도권 주택공급 확대방안의 일환으로, 수도권 주택시장 및 서민 주거안정을 위해 계획한 공공주택지구입니다. 330만㎡ 이상의 신도시로는 남양주 왕숙, 왕숙2, 하남 교산, 인천 계양, 고양 창릉, 부천 대장이 있고, 100만㎡ 이상의 대규모 택지로는 과천, 안산 장상 등이 있습니다. 1, 2기 신도시 못지않게 더 좋은 입지 조건을 갖추고 있으며, 66만㎡가 넘는 택지개발지구에서는 수도권까지 배정되는 물량이 예정되어 있어 엄청난 경쟁률이 예상됩니다. 본인의 위치를 정확히 파악해서 3기 신도시를 기다려야 할지, 아니면 하나의 옵션 정도로만 생각해야 할지, 그것도 아니면 아예 기다리지 말아야 할지를 판단해야 합니다.

2018년 9월 21일, 부동산 폭등에 대한 대책으로 정부가 주택공급 내용을 발표했고, 그해 12월 19일에는 하남 교산지구, 인천 계양지구, 남양주 왕숙지구를 3기 신도시로 지정했습니다. 이어서 고양 창릉지구, 부천 대장지구, 과천 과천지구, 안산 장상지구, 광명 시흥지구까지 3기 신도시로 추가 지정하면서 공급에 대한 강한 의지를 한발 늦게나마 보여주고 있습니다.

지구명	남양주		하남 교산	인천 계양	고양 창릉	부천 대장	과천 과천	안산 장상
	왕숙	왕숙2						
면적	866만 m²	239만 m²	631만 m²	333만 m²	813만 m²	343만 m²	168만 m²	221만 m²
호수	5만4천 호	1만5천 호	3만4천 호	1만7천 호	3만8천 호	2만 호	7천 호	1만4천 호
비고	3기 신도시						대규모 택지	

출처: 3기신도시 홈페이지 www.3기신도시.kr

사전청약이란?

사전청약은 무주택 실수요자의 내 집 마련 기회를 앞당기고, 수도권 청약 대기수요 해소를 목적으로 공공택지 등에서 공급되는 공공분양 주택의 공급시기를 조기화하는 제도입니다. 계속해서 폭등하는 집값을 안정시키기 위해 정부는 3기 신도시를 계획했으며, 하루빨리 수요를 잠재울 목적으로 본청약보다 빠른 사전청약 제도를 마련했습니다. 지구계획 승인을 받은 후 사전청약을 받는데, 일반적으로 본청약 2~3

년 전에 사전청약을 합니다. 사전청약은 처음에 공공분양 물량에만 적용했었는데, 빠르게 치솟는 집값 안정화를 위해 민간분양 사전청약도 도입했습니다. 2021년 7월부터 사전청약을 진행했고, 22년에도 예정되어 있습니다.

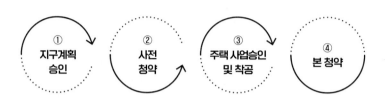

사전청약 확대 방안

원래는 공공분양 사전청약 물량 6.2만 호를 계획했다가 공공택지 민간 사전청약 8.7만 호, 3080+ 1.4만 호를 합쳐서 총 16.3만 호를 계획하고 있습니다. 이 중에 수도권 물량은 13.3만 호로 상당한 물량이 예정되어 있지요. 계획대로만 진행된다면 집값 안정화가 될 수 있을 것처럼 보이지만, 아직 토지 수용도 안 된 곳이 많아서 정부의 움직임을 잘 살펴봐야 할 것 같습니다. 개인적으로는 부정적으로 보기 때문에 3기 신도시만을 기다리는 것은 권하지 않습니다. 단, 토지보상이 완료된 민간 사전청약은 괜찮다고 생각합니다.

	2021년 하반기	2022년 상반기	2022년 하반기	2023년 상반기	2023년 하반기~	합계
공공택지 민간	6000	1.6만	1.2만	1.1만	4.2만	8.7만
3080+			4000	5000	5000	1.4만
현 사전청약	3.2만	1.5만	1.5만			6.2만
합계	3.8만	3.1만	3.1만	1.6만	4.7만	*16.3만

출처: 국토교통부

공공 사전청약 VS 민간 사전청약

공공은 공공택지 내 공공분양 사전청약 물량이고, 민간은 공공택지 내 일반분양 사전청약 물량입니다. 공공은 일반 15%, 특공 85%로 다소 특공 물량이 많고, 민간은 일반 42%, 특별 58%로 비슷하게 배분합니다.

가장 큰 차이점은 청약통장 사용 여부입니다. 공공은 청약통장 사용으로 보지 않아서 사전청약에 당첨돼도 다른 본청약에 신청할 수 있습니다. 하지만 민간은 청약통장을 사용한 것으로 보니 신중해야 합니다. 단, 당첨 지위를 포기하면 청약통장이 부활해 다른 본청약에 도전할 수 있습니다. 내가 당첨된 곳의 사업진행 상황을 파악해서 어떤 것을 포기할지 결정하세요. 또 재당첨 제한 중이라면 공공은 신청할 수 있어도, 민간은 안 됩니다. 공공보다는 확실히 제약이 있죠?

구분		공공 사전청약 (입주예약자)	민간 사전청약 (사전당첨자)
기본 정보	공급대상	공공택지 內 공공분양	공공택지 內 민간분양
	일반·특별 공급비율	일반 15%, 특별 85% * 기관추천 15%, 다자녀 10%, 노부모 5%, 신혼 30%, 생초 25%	일반 37%, 특별 63% * 기관추천 10%, 다자녀 10%, 노부모 3%, 신혼 20%, 생초 20%
	관련규정	공공주택특별법 시행규칙 * 공공분양주택 입주예약자 업무 처리지침	주택공급에 관한 규칙 * 제2절의2(사전공급계약 등) 제4절(주택 사전청약)
사전 자격심사	청약제한	사전청약 시 기준으로 제한 여부 판단 * 재당첨 제한, 투기과열지구 및 청약과열지역 1순위 제한, 특별공급 횟수 제한, 가점제 제한, 부적격 당첨자 청약 제한	
	일반·특별공급 청약자격	사전청약 시 기준으로 청약자격 심사	
사후 자격심사	주택수 유지	사전청약 시 주택수를 본 청약 시까지 계속 유지 * (무주택세대구성원) 공공 사전청약 입주예약자, 민간 사전 청약 특별공급 및 일반공급 추첨제(무주택 참여자) 당첨자 등	
	거주기간 충족	사전청약 시 거주기간 미충족자는 본 청약 시까지 충족 * 다만, 사전청약 당시 해당지역에 주소지를 두고 거주하고 있어야 함	
	타(他) 청약 당첨 여부	본 청약 시까지 일반청약 당첨사실이 없어야 함	- * 일반청약 신청·당첨 제한
사전청약 당첨 후 제한사항	타(他) 청약제한	공공·민간 사전청약 참여 제한	공공·민간 사전청약 및 일반청약 참여 제한
	사전당첨자 지위 포기 시 제한	당첨일로부터 일정기간 공공 사전청약 참여 제한	제한없음
	부적격 당첨 취소자	당첨일로부터 일정기간 공공 사전청약 참여 제한	당첨일로부터 일정 기간 민간 사전청약 및 일반청약 참여 제한
	재당첨 제한 등	최종 입주자로 확정된 자는 본 청약 당첨자 발표일부터 재당첨 제한 등 각종 제한 적용	

출처: 국토교통부

· 2021~22년 사전청약 추진 일정 ·

(단위: 만 호)

추진일정		주요입지 및 청약물량(천호)
'21	7월~8월	인천계양(1.1), 노량진역인근軍부지(0.2), 남양주진접2(1.4), 성남복정1·2(1.0), 의왕청계2(0.3), 위례(0.3) 등
	9월~10월	남양주왕숙2(1.5), 남태령軍부지(0.3), 성남신촌(0.2), 성남낙생(0.8), 시흥하중(1.0), 의정부우정(1.0), 부천역곡(0.8) 등
	11월~12월	남양주왕숙(2.4), 부천(대장(2.0), 고양창릉(1.6), 하남교산(1.1), 과천과천(1.8/'18년발표지구), 군포대야미(1.0), 시흥거모(2.7), 안산장상(1.0) 안산신길2(1.4), 남양주양정역세권(1.3) 등
'22		남양주왕숙(4.0), 인천계양(1.5), 고양창릉(2.5), 부천대장(1.0), 남양주왕숙2(1.0), 하남교산(2.5), 용산정비창(3.0), 고덕강일(0.5), 강서(0.3), 마곡(0.2), 은평(0.1), 고양탄현(0.6), 남양주진접2(0.9), 남양주양정역세권(1.5), 광명학온(1.1), 안양인덕원(0.3), 안양관양(0.4), 안산장상(1.2), 안양매곡(0.2), 검암역세권(1.0), 용인플랫폼시티(3.3) 등

주: 1) 사전청약일정은 추진과정에서 변동 가능. 2) [▨] 3기 신도시

출처: 국토교통부 보도자료

사전청약은 낙첨되면 여러 번 할 수 있지만, 동시 분양하는 것들은 한 곳에만 넣을 수 있습니다. 가점이 낮다면 상대적으로 인기가 덜한 사업지를 노리는 게 좋습니다. 지금은 선택지가 많아서 굳이 청약을 서두르지 않는 사람이 많을 수도 있습니다. 가점에 자신 없다면 남들이 상대적으로 관심 없어 하는 지금이 오히려 당첨될 기회일 수 있습니다. 본인 위치도 모른 채 이것저것 따지다가는 3기 신도시에서도 내 집 마련에 실패할 수 있습니다.

신혼부부라면 주목! 신혼희망타운

　사전청약 물량 중 신혼희망타운이 꽤 보입니다. 위치를 보면 의왕 청계2, 위례, 성남 복정, 성남 낙생, 과천 주암 등 A급 입지가 많습니다. 그뿐만 아니라 특별공급 물량이 85%나 되는 공공분양 중에도 신혼부부 특별공급 물량이 상당합니다. 신혼희망타운과 신혼부부 특별공급은 다르니 장단점을 정확히 파악하고 도전하세요. 이래저래 3기 신도시는 신혼부부에게 열린 기회가 많으니 잘 활용해야 합니다. 1부에서 말한 것처럼 신혼희망타운은 정부와 수익을 공유해야 한다는 큰 단점이 있으니 수익공유를 최소화할 수 있는 사람만 노려보길 바랍니다.

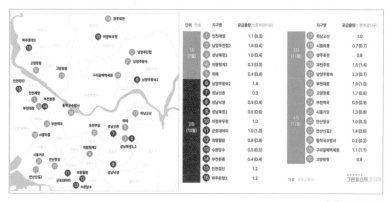

출처: 국토교통부

사전청약 자격조건

- 무주택 세대구성원
- 청약저축 및 주택청약종합저축 가입자
- 소득 및 자산조건을 충족한 자(사전청약 당시만 소득과 자산조건을 충족하면 됩니다.)
- 당해 우선 조건으로 당첨 시 본청약까지 거주기간 요건을 충족할 수 있는 자(사전청약 시점에는 당해에 거주해야 합니다. 본청약 때는 다른 지역에 거주해도 무관)
- 본청약 시까지 무주택 유지
- 본청약 후 분양계약 체결 시 재당첨 제한

그리고 3기 신도시에 당첨되면 앞으로 나오는 사전청약은 할 수 없지만, 3기 신도시가 아니라 일반적으로 분양하는 본청약 물량들은 노릴 수 있습니다(공공 기준). 그래서 꼭 3기 신도시에 거주하고 싶은 사람이 아니라도 옵션 중 하나로 생각하고 가져가면 좋습니다. 미래는 어떻게 될지 모르니 최후의 보루 정도로 들고 가세요. 반대로 3기 신도시에만 매달려도 안 됩니다. 본청약이 앞으로 2~3년 후로 예정되어 있지만, 말 그대로 예정이지 과거 사례를 보면서 앞으로 어떻게 될지도 생각해봐야 합니다.

과거 보금자리주택 사전청약은 2010년에 했지만, 본청약은 5~10년 후에 했습니다. 입주까지 10년 이상 걸린 곳들이 상당히 많습니다. 중간에 정권이 바뀌고, 토지보상 문제가 생기고, LH 문제가 생기면 얼마든지 연기될 수 있습니다. 그리고 현재 나온 분양가는 추정 분양가일 뿐, 본청약 때 변경될 수도 있습니다. 추정분양가보다 저렴해지기보다는 높아질 확률이 크니 자금계획도 최대한 보수적으로 수립해야 합니다. 주변시세 대비 70~80% 저렴해도 최근 급등한 집값을 기준으로 산정하기 때문에 실수요자들에게는 부담스럽죠. 사전청약 당첨 후 주택을 구입하면 당첨자 자격이 상실되기 때문에 무주택으로 입주할 때까지 하염없이 기다려야 한다는 것도 기억하세요. 실제로 3기 신도시 홈페이지에 가보면 지구단위계획 변경, 문화재 발굴 및 기타 불가피한 사유로 언제든 본청약과 입주시기가 연기될 수 있다고 안내하고 있습니다. 저도 입주까지 10년 이상 걸린다는 데 한 표를 던집니다.

출처: 《매일경제》, 2021. 3. 14.

사전청약 입주자모집공고 시 본청약(예정)시기 및 입주(예정)시기 등을 안내할 예정이나, 지구단위계획 변경, 문화재 발굴 및 기타 불가피한 사유로 사업의 지연이 발생할 수 있음

출처: 3기신도시 홈페이지

3기 신도시 입지

3기 신도시 입지를 보면 확실히 2기 신도시보다 서울 접근성이 우수합니다. 하지만 교통망 계획이 척척 진행되었을 때의 얘기입니다. 양주, 검단, 김포, 운정 등 아직 2기 신도시 교통망도 제대로 구축되지 않아서 서울 출퇴근에 불편을 겪고 있다는 걸 생각하면 신중해야 합니다.

출처: 3기신도시 홈페이지

과천
〈과천지구〉

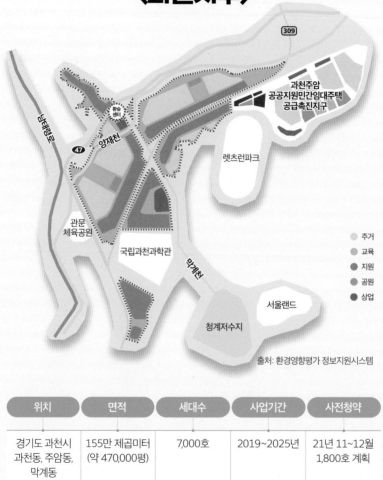

출처: 환경영향평가 정보지원시스템

위치	면적	세대수	사업기간	사전청약
경기도 과천시 과천동, 주암동, 막계동	155만 제곱미터 (약 470,000평)	7,000호	2019~2025년	21년 11~12월 1,800호 계획

과천은 세대수는 얼마 안 되지만 3기 신도시 중 최고의 입지를 자랑합니다. 서초구 바로 옆에 붙어 있어 준강남으로 봐도 될 정도로 서울 접근성이 좋지요. 관악산, 청계산 등의 녹지도 풍부하고, 유흥 상권이 발달하지 않아서 경기도에서도 가장 살기 좋은 곳 1위로 뽑힙니다. 작년에 뜨거웠던 '과천지식정보타운'에 대규모 자족시설 용지를 공급하면서 자족 기능을 한층 더 강화했습니다.

이제는 단순히 서초구 옆에 있는 경기도의 일부가 아니라, 많은 일자리가 들어와 탄탄한 도시로 발전할 것으로 기대됩니다. 나중에 정부과천청사역 근처에 과천역 GTX-C가 들어오면 강남 삼성역까지 7분이면 됩니다. 직장이 몰려 있는 강남까지의 시간적 거리가 획기적으로 단축되는 거죠. 양재, 수서를 지나 위례신도시까지 연결되는 위례과천선도 예정되어 있습니다. 위례까지 가는 것이 중요한 게 아니라 위례와 과천 모두 서울 접근성이 쉬워졌다는 게 중요합니다. 이 노선은 신분당선, 수서역 SRT 등 주요 광역철도와 연결되기 때문에 파급력이 상당합니다. 과천지구 청약 전략은 이것저것 다 제쳐두고 무조건 당첨되는 것에 초점을 맞춰야 할 정도로 당첨이 어렵고, 여건이 된다면 꼭 선점해야 하는 곳이기도 합니다.

도시계획

- ✔ 가용면적의 47%를 자족용지로 조성계획(약 36만m², 지식정보타운의 1.5배)

- 서울대공원, 국립과천과학관 등과 연계한 복합 쇼핑테마파크 조성계획
- 양재천변 복합 친수공간 및 환경과 창의 교육형 물 순환 테마파크 조성계획
- 기존 교통시설과 연계하여 철도, BRT, 환승센터 등 광역 교통개선대책 수립

🚆 대중교통 확충

- GTX-C 정부과천청사역 환승역사
- 위례과천선 복정역~정부과천청사역 20km/4,000억 원
- 안양~사당 BRT 11,2km/220억 원
- 과천지구 환승시설/700억 원
- 대중교통 운영지원/20억 원

🚌 도로교통 개선

- 청계산지하차도~염곡IC 도로구조 개선 0.8km/810억 원
- 과천~우면산 간 고속화도로 지하화 0.35km/950억 원
- 과천대로~헌릉로 연결도로 0.94km/394억 원
- 이수-과천 간 복합터널 5.4km/100억 원
- 상아벌 지하차도 확장 및 통합 234억 원

🔍 자격조건

- 과천 2년 이상 거주자 30%(본청약까지 2년 이상 거주요건 충족 필요)
- 경기도 2년 이상 거주자 20%
- 수도권 거주자 50%

하남
〈교산지구〉

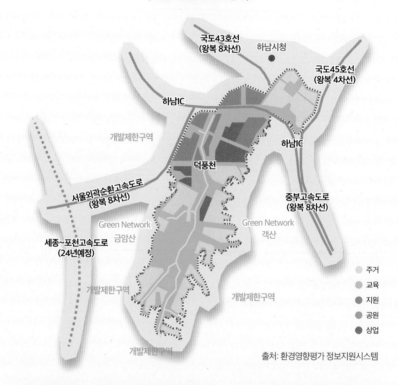

출처: 환경영향평가 정보지원시스템

위치	면적	세대수	사업기간	사전청약
경기도 하남시 천현동, 교산동, 춘궁동, 덕풍동 일원	631만 제곱미터 (약 1,913,000평)	34,000호	2019~2028년	**21년 11~12월** 1,100호 계획 **22년** 2,500호 계획

하남 교산은 3기 신도시 선호도 조사 중 1등을 기록한 곳입니다. 입지는 과천에 비해서 다소 약하지만, 공급 세대수가 많아 앞으로 인프라가 획기적으로 개선될 가능성이 큰 대규모 택지개발지구라서 인기가 좋습니다. 전에도 위례신도시, 미사신도시가 개발되면서 많은 인구가 유입되었고, 그로 인해 집값이 많이 상승했었죠. 앞으로 교산신도시에 더 많은 인구가 유입된다면 하남이라는 지역 자체에 큰 호재라고 볼 수 있습니다.

그뿐만 아니라 서울 동남권과 맞닿은 지리적 강점을 앞세워 첨단 자족도시를 위한 '하남 퓨처밸리' 개발사업을 계획하고 있어 일자리가 크게 늘 것으로 예상됩니다. 강동 일반산업단지 개발과 연계한 하남시 혁신거점 확보 및 지역경제 활성화를 목표로 하남시만의 도시경쟁률 확보를 도모하고 있습니다.

기존 하남은 교통의 오지로 통했지만, 5호선 개통을 시작으로 9호선, 3호선 연장이 확정되면서 서울 동남권의 탄탄한 요지로 자리 잡고 있습니다. 황금노선인 9호선은 서울 강동~하남 미사~남양주 왕숙 신도시까지 연장이 확정되어 24년 착공, 28년 준공을 목표로 하고 있습니다. 강남의 핵심지역을 지나가는 3호선도 하남 시청역까지 연장이 확정된 상태라 앞으로 일자리뿐만 아니라 교통도 획기적으로 발전할 곳입니다. 또한 교산지구 내 BRT가 신설되어 각 지하철 역사까지의 이동도 편해질 것입니다.

게다가 토지이용계획도를 보면 알 수 있듯이 녹지 비율이 상당한 신도시라 실거주 측면에서도 쾌적할 것으로 예상됩니다. 부동산에서 중요한 일자리, 교통, 자연환경을 고루 갖춘 신도시로 거듭날 것입니다.

도시계획

✔ 자족용지 약 92만㎡를 배치하여 첨단기업과 4차산업 스타트업,
바이오 헬스 산업을 유치할 계획(판교 1테크노밸리의 1.4배)
✔ 하남 퓨처밸리 개발사업 예정

대중교통 개선

✔ 송파~하남 간 도시철도 28년까지 완공 목표 12km/15,401억 원
✔ BRT 신설 및 지구 내 가로변 버스전용차로 설치 2km/30억 원
✔ 동남로 연결도로 BRT 설치(편도) 2.6km/173억 원
✔ 교산지구 20억 원, 중앙보훈병원역 170억 원
✔ 하남드림휴게소 환승시설
✔ 대중교통 운영지원 및 회차공간 확보 100억 원

도로교통 개선

✔ 객산터널~국도 43호선 1km/391억 원
✔ 서울~양평고속도로 부분 확장 4.7km/1천억 원
✔ 신팔당대교 1.7km

- 서하남로 확장 1.4km/395억 원

- 동남로 연결도로 2.6km/766억 원

- 황산~초이 간 도로 2.1km/560억 원

- 국도43호선 도로 확장 및 개선 5.4km/321억 원

- 천현로 교량 확장 0.1km/58억 원

- 감일지구~고골 간 도로 1.8km/347억 원

- 동남로 확장 및 개선 3.7km/638억 원

- 서하남IC 입구 교차로 부분 확장 0.2km/55억 원

- 위례성대로 TSM 7억 원

- 초이IC 북방향 연결로 35억 원

자격조건

- 하남 2년 이상 거주자 30%(본청약까지 2년 이상 거주요건 충족 필요)

- 경기도 2년 이상 거주자 20%

- 수도권 거주자 50%

남양주
〈왕숙1지구〉

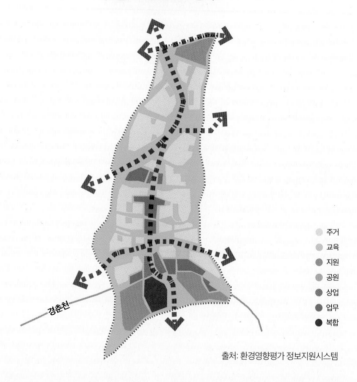

주거
교육
지원
공원
상업
업무
복합

경춘천

출처: 환경영향평가 정보지원시스템

위치	면적	세대수	사업기간	사전청약
경기도 남양주시 진천읍 연평리, 내곡리, 내각리, 진건읍, 신월리, 진관리, 사능리 일원	866만 제곱미터 (약 2,625,000평)	69,000호 (1, 2지구 포함)	2019~2028년	**21년** 11~12월 2,400호 계획 **22년** 4,000호 계획

남양주
〈왕숙2지구〉

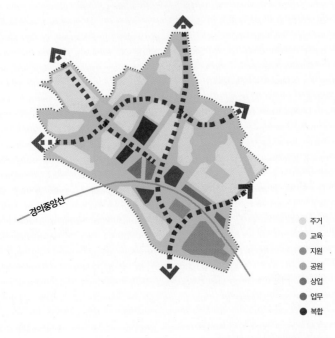

주거
교육
지원
공원
상업
업무
복합

출처: 환경영향평가 정보지원시스템

위치	면적	세대수	사업기간	사전청약
경기도 남양주시 일패동, 이패동 일원	239만 제곱미터 (약 723,000평)	69,000호 (1, 2지구 포함)	2019~2028년	**21년 9~10월** 1,500호 계획 **22년** 1,000호 계획

남양주 왕숙지구는 3기 신도시 중 가장 큰 규모로 공급물량이 가장 많은 곳입니다. 크게 경제중심도시인 왕숙1지구와 문화예술중심도시로 조성계획 중인 2지구로 구분됩니다. 1지구에는 5만 4,000호의 주택공급이 예정되어 있고, 2지구는 1만 5,000호가 계획되고 있습니다. 다른 3기 신도시와 마찬가지로 자족기능을 갖추기 위해 구리 남양주 테크노밸리 조성사업을 시행했으나 무산되고, 지금은 판교 테크노밸리 2배 규모의 자족용지를 확보해 새로운 자족기능을 구축할 예정입니다.

가장 큰 호재는 GTX-B와 9호선 연장이 있는데, 이 역사와의 거리에 따라 같은 왕숙지구라도 집값에 차이가 날 수밖에 없을 겁니다. 가점이 높다면 되도록 이런 교통호재를 받을 수 있는 입지인 왕숙1지구에 도전하는 것이 좋고, 가점이 낮다면 전략적으로 왕숙2지구를 노려보세요. 잊지 말아야 할 점은 GTX-B는 GTX-A와 C에 비해 사업속도가 현저히 느리고 언제 개통될지 까마득하다는 겁니다. GTX보다는 낮겠지만 9호선 남양주 연장계획도 상당한 시간이 걸릴 것으로 예상됩니다. 실거주든 투자든 이 내용을 숙지하고 청약해야 합니다.

이런 대중교통 개선뿐만 아니라 도로교통 개선을 위해 한강교량을 신설하고, 올림픽대로도 확장할 계획이 있습니다. 상습 정체 구간인 북부간선도로와 경춘북로, 국도46호선을 확장해 남양주~서울 방면의 교통은 지금보다 훨씬 원활해질 것으로 기대됩니다. 또 30% 정도의 녹지비율을 확보해 일패천, 홍릉천 수변을 따라 공원녹지가 계획되어 있어서 쾌적한 자연환경도 장점이라고 볼 수 있습니다.

🏢 도시계획

- 왕숙1지구는 경제중심도시, 왕숙2지구는 문화예술중심도시로 조성할 계획
- 자족용지 약 140m²(판교 1테크노밸리의 2배) 도시첨단산단과 기업 지원 허브를 조성해 기업을 유치할 계획

🚃 대중교통 개선

- 별내선 연장(별내역~진접선) 900억 원
- 경춘선 역사신설 환승시설(GTX-B 정차) 520억 원
- 경의중앙선 역사신설 환승시설 383억 원
- 서울 강동~하남~남양주 간 도시철도 15,032억 원
- 상봉~마석 간 셔틀열차 150억 원
- 강변북로 대중교통 개선 323억 원
- 입주 초기 대중교통 운영지원 145억 원

🚌 도로교통 개선

- 한강 교량 신설 4차로
- 올림픽대로 확장(강일IC~선동IC)
- 지방도 383호선 확장(왕숙2~도농4)

- ✔ 올림픽대로 확장(암사IC~강동IC)

- ✔ 강일IC 우회도로 신설

- ✔ 진관교 확장

- ✔ 연결도로 신설(왕숙2~양정역세권)

- ✔ 연계도로 신설(왕숙2~다산)

- ✔ 구 국도46호선 확장(진안4~금곡4)

- ✔ 경춘북로 확장(퇴계원4~진관교)

- ✔ 북부간선도로 확장(인창IC~구리IC)

자격조건

- ✔ 남양주 1년 이상 거주자 30%(본청약까지 1년 이상 거주요건 충족 필요)

- ✔ 경기도 6개월 이상 거주자 20%

- ✔ 수도권 거주자 50%

고양
〈창릉지구〉

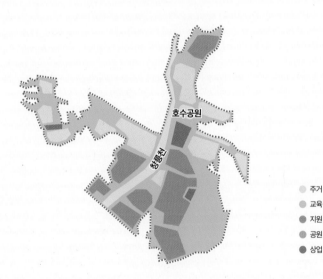

호수공원

창릉천

- 주거
- 교육
- 지원
- 공원
- 상업

출처: 환경영향평가 정보지원시스템

위치	면적	세대수	사업기간	사전청약
경기도 고양시 덕양구, 원흥동, 동산동, 용두동, 향동동, 화전동, 도내동, 행신동, 화정동 일원	813만 제곱미터 (약 2,460,000평)	38,000호	2020~2029년	**21년 11~12월** 1,600호 계획 **22년** 2,500호 계획

고양 창릉지구는 GTX-A 창릉역 호재를 받을 수 있는 곳입니다. 창릉역에서 삼성역까지 10분이면 갈 수 있으며, GTX 중 유일하게 착공에 들어간 노선이라 창릉역 주변에 분양하는 곳들을 눈여겨봐야 합니다. 삼성역에도 일자리가 많지만, 근처의 삼성동 디지털미디어시티에도 일자리가 많아서 GTX가 개통되면 시간적 거리가 상당히 단축될 것으로 예상됩니다. 창릉신도시 자족기능을 활성화하기 위해 많은 일자리가 들어올 예정이라 부동산에서 가장 중요한, 일자리와 교통 모두 우수한 입지라고 볼 수 있습니다. 창릉천과 연계한 공원과 많은 녹지공간이 예정돼 자연환경 또한 쾌적한 곳입니다.

도시계획

- ✔ 135만㎡(41만 평, 가용면적 40%, 판교 1테크노밸리의 2.7배)를 자족용지로 조성할 계획
- ✔ 330만㎡(100만 평) 규모의 공원, 녹지 및 호수공원을 조성할 계획

대중교통 개선

- ✔ 고양~서울 은평 간 철도계획(고양시청~새절역)
- ✔ GTX-A 창릉역 신설
- ✔ 대곡~ 고양시청 신교통수단 신설
- ✔ 고양시청~식사지구 신교통수단 신설

- 경의중앙선 증차
- 입주 초기 대중교통 운영지원
- 중앙로~통일로 BRT 연계
- 화전역 환승시설
- 화전역~BRT 정류장 연계
- 광역버스 교통체계 개선

🚌 도로교통 개선

- 일산~서오릉도 연결도로
- 서오릉로 부분 확장(4차로 → 6차로)
- 중앙로~제2자유로 연결도로
- 수색교 확장(7차로 → 9차로)
- 강변북로 확장(10차로 → 12차로)
- 덕은2교 교차로 개선
- 서울간선도로 TSM

🔍 자격조건

- 고양시 1년 이상 거주자 30%(본청약까지 1년 이상 거주요건 충족 필요)
- 경기도 6개월 이상 거주자 20%
- 수도권 거주자 50%

부천
〈대장지구〉

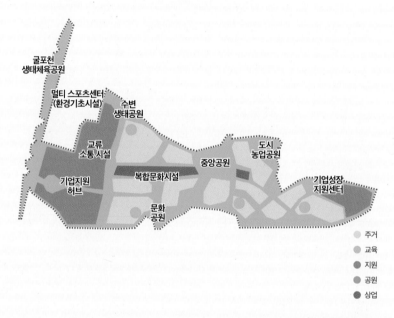

굴포천
생태체육공원

멀티 스포츠센터
(환경기초시설)

수변
생태공원

교류
소통 시설

도시
농업공원

중앙공원

복합문화시설

기업지원
허브

문화
공원

기업성장
지원센터

- 주거
- 교육
- 지원
- 공원
- 상업

출처: 환경영향평가 정보지원시스템

위치	면적	세대수	사업기간	사전청약
경기도 부천시 대장동, 오정동, 원종동, 삼정동 일원	343만 제곱미터 (약 1,040,000평)	20,000호	2020~2029년	**21년** 11~12월 2,000호 계획 **22년** 1,000호 계획

부천 대장지구는 인천 계양지구와 맞닿아 있어서 시너지 효과를 낼 수 있는 위치에 있습니다. 둘의 입지는 비슷하지만 서울과 조금 더 인접한 대장지구가 살짝 우위에 있다고 볼 수 있습니다. 앞으로 판교 못지않게 발전할 잠재력이 있는 미곡과 가까이에 있어 주변 일자리가 풍족한 편입니다. 하지만 이렇다 할 교통대책이 나온 것이 없어서 다른 3기 신도시보다 인기가 떨어지는 것이 사실입니다. 대장지구에서 아래로 내려가면 부천종합운동장역이 있는데 여기에 GTX-B가 확정되었고, 추후 GTX-D도 들어올 계획이 있기는 합니다. GTX 중에서도 가장 사업속도가 늦은 노선들이지만 2개의 노선이 만난다는 것에 큰 의미가 있습니다.

 도시계획

- ✔ 68만m²(20만 평, 가용면적 39%, 판교 1테크노밸리의 1.7배) 자족용지 조성계획
- ✔ 100만m²(30만 평)의 공원 및 30만m² 규모의 멀티스포츠센터 건립 예정

🚆 대중교통 및 도로교통 개선

인천계양지구

대중교통
- ① S-BRT 등신교통수단신설 (김포공항역~박촌역) / 2,900억원
- ⑨ 대중교통 운영지원금 및 회차공간확보 / 54억원

도로교통
- ② 국도39호선(벌말로) 확장 / 2,530억원
- ③ 국도39호선 연계도로신설 / 80억원
- ④ 경명대로확장 / 350억원
- ⑤ 인천공항고속도로IC신설(검속도로) / 650억원
- ⑥ 장제로가능개선 (확장 및 교차로개량) / 100억원
- ⑦ 장제로확장 / 370억원
- ⑧ 서울간선도로TSM / 15억원

부천대장지구

대중교통
- ⑩ S-BRT 등신교통수단신설 (계양지구~부천) / 3,600억원
- ⑪ 청라-강서BRT 연계노선신설 / 30억원
- ⑫ 환승시설설치 (부천종합운동장) / 450억원
- ㉔ 대중교통 운영지원금 및 회차공간확보 / 51억원

도로교통
- ⑬ 경명대로신설 / 720억원
- ⑭ 대장안지구 연결도로신설 / 30억원
- ⑮ 오정로확장 / 860억원
- ⑯ 소사로확장 / 210억원
- ⑰ 고강IC연결도로신설 / 160억원
- ⑱ 서울간선도로TSM / 15억원
- ⑲ 고강IC신설 / 300억원
- ⑳ 봉오IC신설 / 110억원
- ㉑ 오정IC신설 / 260억원
- ㉒ 내동지하차도신설 / 400억원
- ㉓ 신월지하차도신설 / 700억원

출처: 국토교통부

🔍 자격조건

- ✔ 부천시 1년 이상 거주자 30%(본청약까지 1년 이상 거주요건 충족 필요)
- ✔ 경기도 6개월 이상 거주자 20%
- ✔ 수도권 거주자 50%

인천
〈계양지구〉

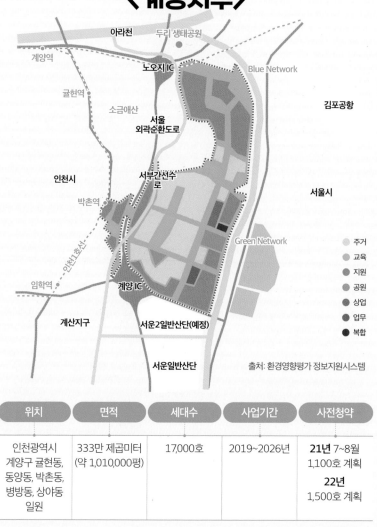

출처: 환경영향평가 정보지원시스템

위치	면적	세대수	사업기간	사전청약
인천광역시 계양구 귤현동, 동양동, 박촌동, 병방동, 상야동 일원	333만 제곱미터 (약 1,010,000평)	17,000호	2019~2026년	**21년** 7~8월 1,100호 계획 **22년** 1,500호 계획

인천 계양지구는 부천 대장지구와 인접해 있으며 서로 시너지 효과를 낼 수 있는 위치입니다. 하지만 부천 대장지구와 마찬가지로 이렇다할 교통대책이 없고, 지구 내에 S-BRT가 계획되어 있기는 하지만 환승해야 서울 일자리에 접근할 수 있습니다. 이런 이유로 상대적으로 다른 3기 신도시와 비교해 인기가 덜합니다. 그래도 사전청약 순서가 다른 곳보다 앞에 있으니 좋은 곳에 당첨될 여력이 안 된다면 빨리 선점하는 게 좋지요. 22년 현재 워낙 좋은 분양들이 많아서 그렇지 웬만한 분양은 당첨만 되면 큰 투자가치가 있습니다. 내 위치를 정확히 파악하고 접근하는 전략이 필요합니다.

교통은 살짝 부족하지만 인근에 계양 테크노밸리를 계획하고 있으며, 판교 테크노밸리를 벤치마킹하여 자족기능을 높이려고 노력하고 있습니다. 수변공간을 연계한 공원녹지와 생활권마다 집중형 근린공원 계획으로 자연 친화적 주거환경을 조성할 계획이고, 동쪽으로 인접한 대장지구와의 연계성을 고려한 굴포천 수변공원 조성을 계획 중입니다.

도시계획

- 90만m²(41만 평, 판교 1테크노밸리의 1.4배) 자족용지 조성계획
- 도시첨단산단으로 지정(60만m²)

대중교통 및 도로교통 개선

인천계양지구

대중교통
1. S-BRT 등 신교통수단신설 (김포공항역~박촌역) / 2,900억원
9. 대중교통 운영자원금 및 회차공간확보 / 54억원

도로교통
2. 국도39호선(벌말로) 확장 / 2,530억원
3. 국도39호선 연계도로신설 / 80억원
4. 경명대로확장 / 350억원
5. 인천공항고속도로IC신설(검사도로) / 650억원
6. 장제로가능개선 (확장및교차로개량) / 100억원
7. 장제로확장 / 370억원
8. 서울간선도로TSM / 15억원

부천대장지구

대중교통
10. S-BRT 등 신교통수단신설 (계양지구~부천) / 3,600억원
11. 청라~강서BRT 연계노선신설 / 30억원
12. 환승시설설치 (부천종합운동장) / 450억원
24. 대중교통 운영자원금 및 회차공간확보 / 51억원

도로교통
13. 경명대로신설 / 720억원
14. 대장안지구 연결도로신설 / 30억원
15. 오정로확장 / 860억원
16. 소사로확장 / 210억원
17. 고강IC연결도로신설 / 160억원
18. 서울간선도로TSM / 15억원
19. 고강IC신설 / 300억원
20. 봉오IC신설 / 110억원
21. 오정IC신설 / 260억원
22. 내동지하차도 신설 / 400억원
23. 신월지하차도 신설 / 700억원

출처: 국토교통부

자격조건

✔ 인천 거주자 100%(사전청약일 기준)

안산
〈장상지구〉

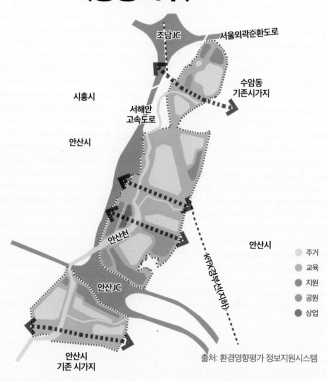

출처: 환경영향평가 정보지원시스템

위치	면적	세대수	사업기간	사전청약
경기도 안산시 상록구 장상동, 장하동, 수암동, 부곡동, 양상동 일원	221만 제곱미터 (약 670,000평)	14,000호	2020~2026년	**21년** 11~12월 1,000호 계획 **22년** 1,200호 계획

안산 장상지구는 3기 신도시 중 상대적으로 서울과의 거리가 먼 편이라 주목을 덜 받고 있지만, 충분히 메리트가 있는 곳입니다. 본인의 가점이 낮다면 이런 빈틈을 놓치면 안 됩니다. 여기도 커다란 교통호재가 있는데 바로 신안산선입니다. 서울 일자리가 많은 여의도역과 서울역을 지나는 노선으로 24년 완공을 목표로 하고 있습니다. 이뿐만 아니라 가능성은 작지만 상록수역에 GTX-C도 계획 중이니 앞으로 어떻게 사업이 진행되는지 지켜봐야 합니다. 가점이 낮은 사람들은 이런 호재가 확정 발표되기 전에 청약해야 당첨 확률이 높지, 확정된 후에는 그만큼 확률이 떨어지겠죠?

외곽순환도로, 영동고속도로, 서해안고속도로 등 수도권 주요 고속도로 접근성이 좋다는 건 장점이지만, 고속도로에 둘러싸인 입지 자체는 단점이 될 수도 있습니다. 하지만 고속도로 주변으로 주거용지 배치를 최소화하여 소음, 먼지 등의 환경 영향을 줄이고자 했고, 주변의 하천, 산림 등의 자연지형을 그대로 보존했습니다. 다른 3기 신도시와 비교해 자연 친화적이고 쾌적한 주거단지를 위한 노력이 많이 들어간 곳이라고 평가할 수 있습니다.

 대중교통 및 도로교통 개선

✔ 서해선 복선전철 예정
✔ 월판선(월곶~판교선)
✔ 인천발 KTX가 연결되는 초지역세권 개발

✔ 인근 화성 송산에 국내 최대 복합관광단지(잠실롯데월드의 32배) 신세계 국제테마파크

✔ 안산 사이언스 밸리 및 안산 스마트시티 예정

자격조건

✔ 안산시 2년 이상 거주자 30%(본청약까지 2년 이상 거주요건 충족 필요)

✔ 경기도 2년 이상 거주자 20%

✔ 수도권 거주자 50%

청약 졸업, 부동산 시작!
파주 운정 디에트르 당첨기

안녕하세요. 이번에 파주 운정신도시 디에트르에 특공으로 당첨되어 드디어 청약 졸업을 하게 되었습니다. 청약에 관심이 없던 건 아니지만 청약홈에서 말 그대로 '청약만' 했었습니다. 지금 돌이켜보면 그동안 남의 청약에 경쟁률 높이는 들러리만 섰더군요. 생애최초 특공이란 게 생기면서 몇 군데 넣기도 했지만 청약 타입을 고르면서도 기준은 오로지 자금만 봤습니다.

타입을 보고 분석해서 전략을 짜야 하는데, 그중 뭐가 좋은지 안 좋은지도 몰랐고 3베이, 4베이, 판상형, 타워형이 뭔지도 몰랐습니다. 더 심각한 건 자금계획 세우는 방법도 몰랐다는 거. DMC자이 줍줍이 나왔을 때 신용대출 상담도 안 받아보고, 1차 중도금까지 낼 돈이 없다고 그 로또 신청을 포기할 정도였습니다.

그러다가 청약에 당첨되어 입주를 기다리던 지인이 우연히 윤테크를 언급해서 윤테크를 알게 되었습니다. 하룻밤 고민 끝에 VIP 회원으로 입성했습니다. 입주자공고가 올라오면 블로그를 보고 댓글을 남기고. 유튜브에 가서 영상 올려준 거 보고, 안전마진 분석하는 법, 지역분석 하는 법 등 관련 영상들을 보고 또 보고. 그러면서 마인드 세팅도 바꾸고, 스스로 어느 정도 전략도 구상할 수 있게 되었습니다.

저는 2월 초에 가입했는데, 당시에는 왜 클래스 101에 윤테크 강의가 없었는지 아쉽습니다. 강의까지 신청해 같이 들었다면 자금계획을 어떻게 세우는지, 이 지역은 왜 당해 100% 우선인지, 저 지역은 왜 수도권까지 모두 청약이 가능한지, 민간분양이랑 공공분양이 어떻게 다른지, 나랑 생활권이 다른 지역이라도 왜 청약해야 하는지 등을 배울 수 있었을 겁니다. 저랑 함께 꾸준히 청약을 넣는 주변 친구들과 얘기해 본 결과, 편하게 상담할 수 있다는 게 윤테크 님의 가장 큰 강점이더군요. 저 역시 이메일이나 오픈톡으로 많은 상담을 했었습니다.

파주 운정은 이름만 들었지 어디 있는지도 모르던 동네입니다. 하지만 이 상승장에서 무주택자로 있기에는 너무 위험하다는 생각이 들더군요. 실거주할 수 있으면 좋겠지만, 정 안 되면 전세로 내줄 수 있을 거라고 판단해서 청약하기로 결정했습니다. 출퇴근이 조금 힘들긴 하지만 가능한 지역이기는 했으니까요.

먼저 냉정하게 청약시장에서 제 위치를 파악했습니다.
내 청약가점이 높은가?
장특, 중특, 군특 중 당첨권의 가점이 있는가?

그게 아니라면 강남에 102 추첨분을 노릴 현금이 있는가?

하나라도 YES가 아니라면 '안전마진이 있는 곳에, 당첨 가능성이 큰 단지에' 청약하라는 윤테크 님의 조언이 떠올랐습니다.

생애최초 특공이 특히 희망고문이었습니다. 어디에나 넣을 수 있고 가능성도 있지만, 어디까지 욕심내고 어디에 가능성을 걸 것인지는 진짜 잘 판단해야 합니다. 내가, 말로만 듣던 바로 그 청약난민이 되는 거 아닌가 싶을 때도 있습니다. 그나마 꾸준히 예비번호가 뜨는 걸 보면서 멘탈 다잡고, 매일 운동하듯 청약을 넣었습니다. 인생 한 번뿐인 특공을 썼고, 그 결과 이제 1주택자가 되었으니 앞으로도 꾸준히 관심을 두고 부동산 시장에 참가하려고 합니다.

P.S 스스로 어느 정도 공부한 후에 질문하면 더 구체적이고 확실한 조언을 들을 수 있습니다. 청약홈에 매일 들어가 보고, 토요일에 다음주에 청약 넣을 단지를 정해두세요. 일요일에 꼭 상담 댓글 미리 남기고요. 스스로 노력하면서 윤테크 님 조언을 따라 청약하면 좋은 결과 있을 거예요. 응원합니다!

PART

5

불리하기만 한 내 투자,
어떡하면 좋을까?

특공도 없고, 가점도 낮다면
분양권 투자도 괜찮다

특공도 없고 청약가점도 낮지만 자금여력이 된다면, 가능성 없는 청약에 매달리기보다는 분양권 투자나 재개발, 재건축 등을 고려하는 게 나을 수 있습니다. 물론 원하는 곳을 살 수 있을 정도의 가용자금은 필요합니다. 하지만 나중에 언젠가는 신축이 된다는 점에서 일반 구축아파트 매매보다 훨씬 더 투자가치가 높습니다. 요즘 신축아파트는 기존 아파트들보다 커뮤니티 시설부터 조경까지 잘 나왔을 뿐만 아니라 신축 자체가 적어서 확실히 희소성이 있습니다. 당장 살 집이 필요한 게 아니라면 따로 월세를 살더라도 투자하는 게 좋다고 봅니다.

분양권, 재개발, 재건축 세 가지 투자 모두 장단점이 있지만, 제가 가장 좋아하는 투자는 분양권입니다. 재개발, 재건축은 상대적으로 자금이 많이 필요하고, 재개발은 갑자기 사업이 지연될 가능성, 재건축은 재건축 초과이익환수제 같은 리스크가 있습니다. 그에 비해 분양권은 계약금 10~20%로 3년간 레버리지 효과를 극대화할 수 있으니 필요자금도 상대적으로 적고, 입주일이 확정되어 있으니 무산될 리스크가 없죠. 뭐니 뭐니 해도 투자라면 역시 자금이 가장 적게 드는 게 제일 좋으니까요. 투자의 기본은 신축같이 지금 당장 좋은 걸 사는 게 아니라 앞으로 좋아질 것을 사는 것입니다.

분양권을 사는 타이밍

분양권 매물이 많이 나오는 시기는 크게 세 번 정도입니다. 계약 직후, 전매해제 직후, 입주 직전이죠. 전매제한이 있는 곳들은 계약 직후 거래가 불법이라 권하지 않습니다. 하지만 바로 전매가 가능한 사업지라면 계약 직후에 일반적으로 가장 저렴할 확률이 높고, 그 다음이 전매해제 직후, 입주 직전입니다.

생각해보면 당연합니다. 분양권 계약 직후에는 허허벌판이어서 실수요자들이라면 관심이 없다가, 전매해제 시기쯤 되면 건물이 어느 정도 올라가니 하나둘 관심을 두기 시작합니다. 입주 직전에는 당장 입주해서 살 실수요자들이 붙기 시작합니다. 수요자가 점점 많아지기 때문에 분양권은 오래 갖고 있을수록 이전보다 더 높은 프리미엄을 형성할 가능성이 큽니다. 투자 측면에서 보면 반대로 입주시점에 세금, 대출

문제 등으로 매도하는 경우가 생기기 때문에 이런 매물이 많을수록 약간의 조정은 예상해야 합니다. 또 입주 2년 후에는 비과세 혜택을 받는 매물이 많이 나오니 단기적으로 조정이 올 수 있습니다. 나중에 갈아타기를 고려 중이라면 신축아파트가 최고의 가치를 가지는 4~5년 차 때가 매도적기입니다. 물론 경제상황에 따라 가격은 달라질 수 있지만 아파트, 특히 건축물로서의 가치는 그때가 가장 높습니다.

결론적으로 계약 직후에 잡는 게 가장 저렴하지만, 전매제한이 걸린 사업지는 아직 정식으로 전매해제된 것이 아니라서 리스크는 가장 높은 시기입니다. 나중에 명의변경을 할 때 프리미엄이 많이 올랐다면 매도자가 추가금을 요구하는 일도 종종 있습니다. 그에 비해 전매해제 직후는 그다음으로 저렴하면서 여러모로 안전한 단계입니다. 사실 이때 투자하는 게 가장 좋습니다. 하지만 규제지역은 소유권등기이전일까지 전매제한이 걸려 있어서 사실상 초피나 전매해제 직후에 거래하긴 쉽지 않습니다.

이것은 비규제지역 아파트나 민간임대, 오피스텔, 생활형 숙박시설(생숙) 등에만 해당하는 내용입니다. 그런데 비규제지역도 분양권 세금이 70%로 올라가면서 단타로 접근하기에는 쉽지 않은 시장이 되었습니다. 분양권은 장기적인 투자로 접근하는 것이 좋습니다. 지금 분양 중인 규제지역 아파트는 전매제한 때문에 거래가 쉽지 않지만, 옛날에 분양했던 수원, 인천, 송도, 의정부 등을 찾아보면 전매할 수 있는 분양권이 있습니다.

분양권 고르는 법

미래의 특정 시점에 얼마나 오를지를 예측할 수 있는 능력이 있다면 정말 좋겠지만 실제로 그런 일은 일어나지 않습니다. 여러 가지 지표를 비교하고 아무리 열심히 공부해도 시장의 가격은 항상 예상과 다르게 반응하며 움직입니다. 분양권도 마찬가지입니다. 투자 전에 수요와 공급, 미분양 추이, 인구수 변화 추이 등의 기본적인 정보를 살펴보는 건 중요합니다. 하지만 정확하게 맞힌다기보다는 앞으로 상승여력이 있는지 정도만 확인한 후 실거주로 접근하는 것이 가장 마음 편한 투자입니다.

분양권은 본인의 자금여력 안에서 가장 좋은 RR(로열동, 로열층)을 구입하는 게 좋습니다. RR은 비싸게 주고 산 만큼 나중에도 비싸게 팔 수 있고, 하락기라도 원하는 시기에 팔 수 있을 확률이 높습니다. 저층이나 못난이동은 상승기에는 수요가 있겠지만, 하락기에 매도하기가 정말 어렵습니다. 자금계획을 세워보고 어느 지역으로 접근할지, RR을 살 수 있는지 확인한 후 좋은 분양권을 구입하세요.

분양권 투자 시 필요자금

예를 들어 분양가 5억, 프리미엄 3억, 옵션이 천만 원이라고 한다면, 계약금 10%인 5,000만 원과 프리미엄 3억, 옵션 계약금 10%인 100

만 원, 중개수수료까지가 분양권을 살 때 필요한 자금입니다. 총 3억 5천 1백만 원이 필요하며, 여기에 중개수수료가 100~500만 원 정도 붙습니다. 분양권 거래는 지역마다 거래수수료 차이가 있으니 비교해보세요. 매물이 잠겨 있는 부동산 상승기라면 거래수수료를 더 주고라도 좋은 매물을 잡는 게 좋습니다. 부동산중개사도 사람인지라 어차피 매수할 사람이 많으면 조금이라도 수수료를 많이 주는 사람한테 매물을 넘겨주고 싶겠죠. 소탐대실하는 실수를 하지 않기를 바랍니다.

분양권 전매절차

분양권 전매절차는 부동산중개사가 알아서 잘 해주겠지만 어떻게 돌아가는지는 기본적으로 알고 있어야 합니다. 매도자 우위시장에서는 가계약금을 먼저 넣는 사람이 임자기 때문에 매수하려는 아파트의 동호수와 시세를 미리 파악해두고, 계좌가 나오는 대로 계약금을 이체해야 합니다. 전매해제되는 날 부동산중개소를 찾아가면 늦습니다. 한 달 전부터 발품을 팔다가 좋은 매물의 계좌가 나오면 바로 입금하세요. 나에게 좋아 보이는 물건은 다른 사람에게도 좋아 보이기 마련입니다. 공부가 충분히 되어 있지 않으면 괜히 분위기에 휩쓸려 좋지 않은 물건을 잡을 수 있으니, 확신이 들지 않는다면 차라리 다음 기회를 노려보는 게 낫습니다. 분양권 투자를 하기로 마음먹었다면 한 달 전부터 부동산중개소를 찾아가 연락처를 돌리고 가치 판단을 정확히 할 수 있

을 만큼 공부한 다음, 계좌가 나오는 대로 이체할 수 있도록 마음을 다

잡아야 합니다.

분양권 전매절차

① 마음에 드는 물건을 찾았다면, 매도자에게 계좌를 받아서 가계약금을 송금한다.

② 정식으로 분양권 매매계약서를 작성해 계약을 체결한다. 다음에 잔금을 치를 때 은행에
  서 만나 대출을 승계받는다.

③ 시행사(보통 모델하우스)를 찾아가 권리의무 승계를 하면서 잔금을 치른다.

④ 명의변경된 분양계약서를 취득하면 끝! 여기서 매도자는 60일 이내에 양도세 신고를 해
  야 한다.

아파트 청약이 다가 아니다!
알아야 보이는 청약의 세계

아파트만 청약제도가 있는 것이 아니라 오피스텔, 민간임대, 생활형 숙박시설, 상가 등도 청약을 통해서 당첨자를 선정합니다. 아파트와는 조건이 사뭇 다릅니다. 아파트 외 다른 청약들은 대개 청약통장이 필요 없고, 당첨돼도 재당첨 제한이 없는 데다가, 청약신청금은 당첨 여부와 상관없이 한 달 이내 100% 환불이 가능하고, 다주택자라도 상관없습니다. 또 아파트 청약과 전혀 무관하며, 대부분 바로 전매할 수 있고, 당첨 후에 동호수까지 확인하고 취소해도 불이익이 전혀 없습니다. 게다가 만 19세 이상이면 누구나 신청할 수 있는 등 조건이 좋습니다. 리스크가 전혀 없다고 봐도 무방하죠? 그래서 청약신청금만 있다면 부담 없이 도전해볼 수 있는 투자라고 하는 겁니다.

옛날에는 직접 모델하우스에 가서 몇 시간씩 줄을 서면서 청약 접수를 했지만, 요즘은 인터넷으로 5분이면 됩니다. 리스크가 전혀 없는 청약인데 굳이 안 할 이유가 있나요? 다들 몰라서 못 하는 거지 지금도 아는 사람은 다 합니다. 경쟁률이 높긴 하지만 1년에 1번 정도만 당첨돼도 만족할 만한 수익을 안겨줄 겁니다.

이런 청약 정보는 어디서 얻을까?

청약 자체는 어렵지 않지만 필요한 정보를 찾고 투자성을 분석하는 데까지가 오래 걸립니다. 아파트 청약처럼 청약홈에 깔끔하게 정리되어 있지 않기 때문에 일일이 건설사 홈페이지나 오픈방 등 손품을 팔면서 찾아봐야 하죠. 또 아파트처럼 분양가를 통제하는 분양가상한제나 고분양가 관리가 없어서 상대적으로 비싸니 보수적으로 투자가치를 분석하는 작업은 필수입니다. 당첨되고 프리미엄이 형성되지 않으면? 그냥 계약하지 않으면 됩니다. 아무런 불이익이 없으니까요. 미리 냈던 청약신청금은 당첨 여부와 상관없이 아무리 늦어도 한 달 이내에 다시 들어옵니다.

아파트 이외의 매물 청약 방법

① 직접 청약 정보를 찾거나 오픈방을 통해 정보를 얻는다.
② MGM을 등록한다. (선택)
③ 청약한다.
④ 당첨되면 담당자에게 매수매칭을 의뢰한다.
⑤ MGM과 프리미엄을 챙기면 끝!

MGM이란?

'MGM'이란 기존 고객을 통하여 새로운 고객을 유치하는 판매촉진 방식을 가리키는 마케팅 용어입니다. 간단히 말하면 부동산이나 영업 직원이 손님을 유치해 계약까지 성사시키면 사업주체가 지급하는 수수료입니다. 본인 수수료의 일부를 손님에게 돌려주는 것인데, 50%까지 주는 곳도 있습니다. 하지만 사업주체 입장에서 MGM을 고객에게 돌려줘야 할 이유는 전혀 없는 데다가 경쟁만 과열시키는 편법이기도 해서 페이백을 좋아하진 않습니다. 페이백을 아예 금지하거나 극히 일부 수수료만 주는 곳들도 많으니 여러 군데 비교해봐야 합니다. 사업지마다 부동산중개소에 지급하는 MGM이 다른데 적게는 몇십만 원, 많게는 몇백만 원까지 주는 곳도 있습니다.

MGM 등록절차

담당자에게 MGM 사전접수를 해야 합니다. 보통 사전의향서를 작성하는데, 개인정보만 제공하면 담당자가 직접 작성해서 제출해줍니다. 개인정보는 이름과 핸드폰 번호만 필요한 사업지가 있고, 주소, 신분증, 등본 심하게는 인감까지 요구하는 경우도 있습니다. 원하는 서류가 등본이나 인감이면 건너뛰세요.

한 가지 알아둬야 할 것이 있는데, MGM에 등록하면 광고전화나 문자가 자주 오게 됩니다. 마케팅 이용에 동의해야 하다 보니 개인정보에 민감한 사람들은 과감하게 건너뛰고 프리미엄만 챙겨가는 게 낫습니다. MGM 접수 안 해도 청약이랑은 전혀 상관없고, 단지 MGM 수수료만 안 받는 겁니다.

자금이 부족할수록 이렇게 리스크 없는 청약을 통해서 자금을 늘려야 합니다. 보통 계약금 정도는 필요하지만 계약금을 매수자가 대납해주는 경우도 있습니다. 편법이라 권하지는 않고, 확실한 매수자가 붙었다면 차라리 가족이나 지인들에게 하루이틀만 계약금을 융통해서 계약하고 매도하길 바랍니다. 안 될 이유만 찾으면 아무것도 안 되지만, 될 이유를 찾으면 분명 길이 보입니다. 프리미엄이 붙을 곳들은 그만큼 당첨되는 게 어려우니 당첨 후까지 너무 고민하지 말고 넣어보세요.

꾸준히 아파트 청약을 시도하면서, 이런 청약도 병행하면 하루하루 당첨자 발표일이 기다려지고 설레는 투자를 할 수 있습니다. 일부에서는 투기라고 볼 수도 있습니다. 혹시 "본인이 실거주 할 것도 아니고 입주할 때마다 전세를 준다고? 본인이 살 것도 아니면서 청약하고 프리미엄 받고 판다고? 집은 사는 곳이지 투자의 대상이 돼서는 안 돼!"라고 생각한다면 간단합니다. 안전마진이든 당첨 확률이든 다 무시하고 본인이 실거주할 곳만 찾아, 될 때까지 청약하면 됩니다. 자본주의 사회에 살면서 진정으로 시간적, 경제적 자유를 얻고 싶으면 자본주의를 이해하고 돈을 공부해야 합니다. 판단과 선택은 본인의 몫입니다.

노리스크 청약
① 민간임대

자, 이제 본격적으로 아파트 이외 매물의 청약에 대해 자세히 살펴보겠습니다. 첫 번째는 '민간임대'입니다. '민간임대' 하면 보통은 공공임대 아파트, 행복주택 같은 걸 떠올릴 텐데 전혀 다릅니다. 여기서의 민간임대는 공공지원이 아니라 '기업형 민간임대'를 말합니다. 주택의 주인이 나라가 아닌 기업이라고 생각하면 쉽습니다. 상대적으로 규제에서 자유롭고, 임차인에게 우선 분양할 수 있는 권리를 부여합니다. 일부 사업지에선 8년 후의 분양가를 미리 확정 짓기도 합니다.

민간임대는 보통 8~10년간 거주할 수 있는 권리를 청약하는데, 8~10년간은 기업 소유의 주택이었다가 그 이후에는 임차인에게 소유권이 넘어옵니다. 그래서 임차인 신분일 때는 취득세, 양도세, 보유세 등 낼 세금이 전혀 없고 주택수로 잡히지도 않습니다. 요즘처럼 규제가 심할 때라면 다주택자에게 민간임대만 한 투자상품이 없습니다.

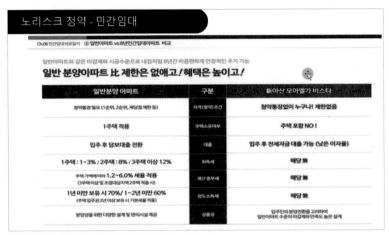

출처: 신아산모아엘가 팜플렛

규제를 받지 않는 게 장점이지만, 같은 이유로 분양가 제한이 없어 저렴하지 않다는 게 단점입니다. 그래서 무조건 계약하지 말고 옥석을 잘 골라서 청약해야 합니다. 프리미엄이 형성된 민간임대는 수지구청역 롯데캐슬 하이브엘, 신광교 제일풍경채, 신방화 힐스테이트, 오송 대광로제비앙, 신아산 모아엘가, 안중역 지엔하임 등이 있습니다. 분양가가 확정되어 있으면서 입지가 좋은 수지구청역 롯데캐슬 하이브엘, 신광교 제일풍경채, 신방화 힐스테이트의 프리미엄은 높은 수준이며, 입지는 다소 떨어지지만 분양가가 확정된 신아산도 괜찮습니다. 분양가가 확정된 건 아니지만 입지가 나쁘지 않은 오송, 안중도 약간의 프

	신광교 제일풍경채	오송 대광로제앙1차	신아산 모아엘가 비스타	
			1차	2차
모집 공고	2020. 6. 26.	2020. 8. 28.	2020. 11. 5.	2021. 3. 19.
입주 예정	2023. 9.	2023. 3.	2023. 8.	2023. 12.
건설사	제일건설	대광건영	모아주택산업, 혜림건설	
세대수	84/94/103/펜트 1,766세대	59A, B, C 1,516세대	59/74/84 922세대	59/74/84 988세대
평균 경쟁률	14.74 : 1	69.01 : 1	48.5 : 1	186.73 : 1
우선 분양권	있음	있음	있음	
임대 보증금	6.05억	1.5억	1.2~1.7억 월 5~7만 원	1.3~1.8억 월 5~7만 원
확정 분양가	8.69억	미정 (주변시세 80%)	2.0~2.9억	2.1~3.1억
분양전환 기간	8년	8년	8년	
전매	계약 1년 후~ 입주 전 : 2회 입주 후 : 무제한	무제한	무제한	
전대	가능	원칙상 불가	원칙상 불가	
중도금 대출	시행사보증 이자후불제	시행사보증 무이자	시행사보증 무이자	

리미엄은 있습니다. 초기 민간임대인 신광교 때만 해도 민간임대가 흔치 않고 다들 잘 몰라서 경쟁률이 14:1 정도 수준이었지만, 점점 기하급수적으로 높아졌습니다. 공부가 되어 있지 않으면 좋은 기회를 놓치고, 엉뚱한 기회를 잡을 수밖에 없습니다. 입지공부는 필수입니다. 특히 공부가 부족할수록 자꾸 싸고 좋은 걸 찾는데, 장담컨대 누구나 살

수 있는 것 중에서 싸고 좋은 건 없습니다. 청약처럼 본인의 노력과 시간을 들여 열심히 발품을 팔다가 우연히 싸고 좋은 게 발견될 수는 있어도, 아무 노력도 하지 않은 사람에게 오는 기회는 사기일 확률이 높습니다. 민간임대는 소유권이 나에게 완전히 넘어오기 전까지 주택수에 포함되지 않으니 세컨드 투자로 잘 활용해보길 바랍니다.

민간임대 투자 체크포인트

1. 입지분석

아파트 청약처럼 분양가 안전마진이 깔려 있는 게 아니고, 입지 자체도 좋지 않은 경우가 많습니다. 그래서 더 정확한 입지분석이 필요하고, 보수적으로 접근해야 합니다.

2. 확정분양가 여부

개인적으로 확정분양가인 곳에만 투자합니다. 분양전환될 때 주변 시세 대비 70~80%에 해준다는 곳은 솔직히 믿기 어렵기도 하고, 맞힐 수도 없는 8~10년 후의 미래를 예측하고 싶지도 않습니다.

3. 전매 가능 여부

전매는 대부분 가능하지만 입주 전까지 횟수 제한이 걸린 곳이 많습니다.

4. 전대 가능 여부

임차인 신분으로 다시 세를 줄 수 있는 걸 '전대'라고 합니다. 신광교처럼 전대가 가능하다면 나중에 전세나 월세를 줘도 되기 때문에 유연하게 운영할 수 있죠. 전대할 수 없는 곳이 대부분이라서 되기만 한다면 확실히 좋다고 할 수 있습니다.

5. 중도금 대출 보증사

주택을 갖고 있거나 대출을 실행하고 있는 사람들은 중도금 대출 보증사가 건설사 보증인지, HUG(주택도시보증공사)인지 확인해야 합니다. 건설사 보증이면 기존에 소유한 주택이나 대출에 상관없이 대부분 대출이 가능하지만, HUG면 1주택만 소유하고 있어도 대출 제한이 걸립니다. 1주택 이상인 사람들은 꼭 확인하세요!

6. MGM은 얼마?

민간임대는 대부분 MGM이 없거나 100만 원 정도로 낮습니다. 얼마 되진 않지만 확인해서 알차게 챙기세요.

노리스크 청약
② 오피스텔

오피스텔 청약 자격조건은 아파트보다 훨씬 간단합니다. 청약통장도 필요 없고, 만 19세 이상이면 누구나 신청할 수 있으며, 전국 청약이 가능하고, 100% 추첨제로 선정합니다. 당첨된 후 취소해도 불이익이 전혀 없습니다. 당첨 후 동호수까지 확인한 다음 투자가치가 있는 곳의 로열동 로열층에 걸렸으면 계약하는 거고, 마음에 안 드는 못난이가 걸렸으면 계약하지 않아도 됩니다.

하지만 오피스텔은 세금, 특히 취득세에 신경 써야 합니다. 이때 오피스텔 취득 순서가 중요합니다. 아파트를 취득한 후 오피스텔을 취득하면 4.6%로 동일하지만, 주거용 오피스텔을 먼저 취득한 후 아파트를 취득하면 취득세가 중과됩니다. 그래서 아파트를 먼저 세팅하고 세컨드 투자로 오피스텔을 가져가는 게 좋습니다.

단, 오피스텔이 아니라 오피스텔 분양권은 주택수에 포함되지 않기 때문에 등기 전에 전매하면 괜찮습니다. 주거용이 아닌 업무용으로 사용하면 마찬가지로 주택수에 포함되지 않고, 양도 시 상업용 기본세율을 적용받습니다. 오피스텔은 전입신고 유무에 따라 주거용으로 가져갈지, 상업용으로 가져갈지 결정할 수 있으니 다주택자에게 좋은 선택지가 될 수 있지요.

오피스텔은 여러 개 소유해도 청약과는 전혀 상관이 없습니다. 주거용이든 업무용이든 몇 채를 갖고 있더라도 세금만 신경 쓰면 됩니다. 하지만 오피스텔과 비슷한 도시형 생활주택(도생)은 주택수에 포함되니 조심하세요. 이것도 2022년 현재 기준이지 앞으로 도생도 주택수에 포함되지 않을 수도 있습니다. 정책이 꽤 자주 바뀌니 그때그때 확인하고 공부해야 합니다.

오피스텔의 장점

1. 만 19세 이상 전국 누구나 청약 가능, 100% 추첨제
진입장벽이 낮고 누구에게나 공평합니다.

2. 대출 최대 LTV 70%까지 가능
대출규제가 변동될 수도 있지만, 아직은 LTV 70%까지 가능하고 오피스텔 잔금대출은 만기일시상환 조건이 많아서 아파트보다 자금의 효율성이 좋습니다.

3. 청약 시 무주택

세금 계산에서 주택수에 포함됩니다. 단, 분양권일 때는 주택수에 포함되지 않습니다.

4. 업무용으로 등록 시 주택수에 포함되지 않고, 부가세 환급 가능

오피스텔 건물분에 대한 부가세 환급이 가능합니다. 전입신고를 하지 않는다면 분양가 일부를 환급받습니다.

5. 중도금 무이자 및 시행사 보증 대출 가능

아파트 중도금 이자는 대부분 후불제지만, 오피스텔은 시행사에서 대납해서 무이자인 경우가 많습니다. 시행사 보증 대출인 곳도 많으니 잘 찾아보세요.

6. 거주의무 없음

아파트와 달리 거주의무가 없어서 입주시점에 전세나 월세 주기가 쉽습니다.

7. 두 번째 이후 주택을 오피스텔로 취득 시 취득세 4.6%

아파트를 먼저 취득한 후 오피스텔을 나중에 취득하면 취득세가 중과되지 않습니다. 반대로 아파트를 나중에 취득하면 취득세가 중과되니 주의!

8. 규제지역이라도 100실 이하면 전매 가능

오피스텔 세대수가 100실 이하면 계약과 동시에 전매가 가능합니다. 아파트 단지 안에 있는 오피스텔 100실 이하는 바로 전매해도 프리미엄이 꽤 형성되니 절대 놓치면 안 됩니다.

오피스텔의 단점

1. 첫 주택으로 오피스텔을 먼저 취득 시 취득세 중과 대상이 됨

2. 아파트보다 선호도가 떨어짐

보통은 아파트보다 선호도가 떨어지기 때문에 아파트와 같은 연식, 같은 평면도라도 10~20% 정도는 감가해서 계산해야 합니다. 아무래도 같은 값이면 아파트가 좋으니 오피스텔은 유주택자를 위한 투자 상품이라고 생각하세요.

3. 상대적으로 공급이 자유로움

아파트와 비교하면 공급이 자유롭기 때문에 돈 되는 현장이 있으면 건설사들이 가만히 있지 않습니다. 공급이 많아지면 자연히 프리미엄은 내려가게 됩니다.

4. 대출규제를 받으면 메리트 감소

아파트 대비 자금의 효율성이 좋아서 오피스텔을 선택하는 사람도 많은데 대출규제를 받으면 이런 메리트는 감소됩니다.

5. 주거용으로 사용 시, 세금은 아파트와 동일하게 적용

아파트에 비해서 부족한 상품인데도 세금은 동일합니다. 다만 아파트처럼 2년 실거주 시 양도세 비과세 혜택을 받을 수 있으니 좋은 면도 있죠.

6. 소형 오피스텔은 시세차익이 적음

시세차익이 없을 수도 있습니다. 소형은 시세차익형이 아니라 수익형, 즉 월세 수익률을 위한 상품이라고 봐야 합니다. 수익률 4~5% 정도의 투자처는 많으니 굳이 소형 오피스텔까지 수익형 부동산으로 세팅할 필요는 없습니다.

오피스텔 투자전략

오피스텔은 아파트와 달리 분양가상한제나 고분양가 관리를 받지 않기 때문에 분양가가 비싸게 나옵니다. 그래서 보수적인 접근이 필요합니다. 오피스텔의 장단점을 정확히 파악한 후 다음과 같은 전략으로 접근하길 권합니다.

1. 시세차익을 원한다면 최소 전용84(방 3개, 화장실 2개)

이 정도 크기는 돼야 아파트를 대체할 수 있어서 메리트가 있습니다. 전용84라고 해도 아파트와 달리 서비스 면적이 없어서 일반 아파트 전용59랑 크기는 비슷합니다.

2. 입지가 너무 좋다면 전용59(방 2개, 화장실 1개)

판교나 동탄처럼 입지가 너무 좋다면, 신혼부부들을 위한 전용59까지도 괜찮습니다.

3. 역세권 위주로!

4. 아파트 내 오피스텔이라면 OK!

오피스텔만 있는 곳이 대부분이지만, 아파트와 함께 단지를 이루고 있어 아파트인지 오피스텔인지 구분되지 않는 곳들이 종종 있습니다. 예를 들면 판교밸리자이 오피스텔, 동탄 대방디에트르 오피스텔 등이죠. 이런 곳들은 아파트와 함께 상승하기 때문에 나홀로 오피스텔보다 상승여력이 큽니다. 대부분 아파트 커뮤니티를 이용하진 못하지만, 나중에 협의가 잘 되면 이용할 수 있기도 합니다. 아파트와 크게 다른 점이 없게 되는 거죠.

5. 시행사 보증 대출이 가능하면 OK!

시행사나 건설사 보증이 가능하다면 기존에 주택도시보증공사 (HUG) 보증을 받는 주택이 있어도 추가 중도금 대출이 가능합니다. 분양가 9억이 넘어도 상관없이 중도금 대출이 나오죠. 이미 주택이 있다면 되도록 시행사 보증 대출이 되는 오피스텔만 노려보세요.

6. 오피스텔에 실거주하면서 청약 가능

오피스텔도 청약에선 무주택자로 보기 때문에 주택으로 시세차익분을 누리면서 청약할 수 있습니다. 가점이 높고 자금까지 많다면 오피스텔은 좋은 전략이 될 수 있습니다.

노리스크 청약
③ 생활형 숙박시설

생활형 숙박시설(생숙)은 오피스텔과 호텔의 중간 정도 되는 상품이라고 보면 됩니다. 바로 전매가 가능하고, 주택수에 포함되지 않아서 메리트가 있습니다. 하지만 정부에서 어떻게 규제할까를 고민하고 있는지라 장기투자보다는 단기투자 위주로 접근하는 걸 권합니다.

대표적으로는 북항 드메르, 웅천 골드클래스, 힐스테이트 청주 센트럴 등이 있으며 엄청난 경쟁률을 기록했던 곳들입니다. 자체 홈페이지에서 청약을 받다 보니 서버가 다운되는 경우가 꽤 많습니다. 청약할 때는 항상 첫날 오전에 해두는 게 편합니다. 이 정도로 인기가 많은 곳들은 프리미엄이 형성됩니다.

생활형 숙박시설 유사시설 비교		
오피스텔	생활형숙박시설	호텔
장기 거주, 개별 취사	장단기 숙박, 개별 취사	단기 숙박, 개별 취사
임대사업 가능	임대사업 및 숙박업 가능	숙박업
개별등기, 전입신고, 주거 임대 가능	개별등기, 전입신고, 주거 임대, 전문 운영사 위탁 및 직접 운영 가능	전입신고 불가, 호텔사 직접 운영, 개별 등기 불가

출처: 《머니투데이》, 2021. 8. 22.

노리스크 청약
④상가

신축 상가도 청약으로 당첨자를 선정하는데 보통 초치기입니다. '초치기'란 정해진 시간에 청약신청금을 가장 먼저 입금한 사람을 당첨자로 선정하는 방식을 말합니다. 예를 들어 청약 시간이 10시라고 하면 신탁사 계좌 기준으로 10시 00분 00초에 가장 먼저 입금한 사람이 당첨자가 되는 것이죠. 100% 추첨제는 운에 기대야 하는 반면 초치기는 연습을 통해서 어느 정도 숙련할 수 있습니다. 저도 초치기로 3번 정도 당첨된 적이 있어서 100% 추첨보다는 초치기를 더 좋아합니다.

초치기 잘하는 방법

- 57초 정도에 해당 계좌로 입금
- 해당 계좌와 같은 은행으로 초치기 연습
- 사람들이 많이 이용하지 않는 카카오뱅크, 케이뱅크 이용(또는 입금계좌와 동일한 은행)
- PC보다 모바일로 했을 때 당첨됐다는 사람들이 많음

이 정도만 유의해서 00초가 찍히도록 연습하면 좋은 성과가 있을 겁니다. 일반적으로 상가는 MGM 수수료가 더 세기 때문에 당첨 후 프리미엄 없이 전매해도 만족할 만한 수익을 얻을 수 있습니다. 단, 초단타를 노린다면 인기 많은 호실, 매수자가 매칭되어 있는 호실 위주로 청약해보세요.

저는 한 번은 국민은행, 한 번은 신한은행에 당첨된 적이 있습니다. 전부 57초가 되자마자 입금 버튼을 눌렀습니다. 시스템 렉을 고려해 연습할 때 00초 찍히던 타이밍보다 약간 빨리 눌렀으니 참고하세요. 한 번은 PC로, 한 번은 모바일로 해서 당첨되었기 때문에 뭐가 더 좋다고 말하긴 어렵습니다. 운이 필요하긴 하지만 어느 정도는 노력으로 따라잡을 수 있으니 상가 청약에 도전해보길 바랍니다.

부동산 상승기와 하락기,
당신의 대응 방안은?

청약 시장에서 살아남기 위한 필수 기본기는 어느 정도 정리되었을 거라 생각합니다. 여기서는 지금까지 가장 많은 질문을 받았던 내용을 담아보겠습니다. 청약, 그리고 부동산 시장의 흐름에 대해 여러분이 가진 생각을 정리할 수 있는 기회로 삼았으면 좋겠습니다.

Q 집값, 앞으로 오를까 내릴까?

아파트, 민간임대, 오피스텔, 상가 등 대상이 무엇이든 청약하는 이유는 부동산을 싸게 사기 위해서죠. 앞으로의 부동산 상승과 하락에 촉각이 곤두설 수밖에 없습니다. 부동산 전문가들이 지금까지 맞힌 통계를 보면 25%의 확률이라고 합니다. 이 정도면 차라리 50% 확률로 찍는 게 낫죠? 뉴스에 나온 정보는 이미 가격에 선반영되어 있습니다. 시장은 굉장히 똑똑합니다. 앞으로 오를지 내릴지 모르니 말 그대로 투자 (던질 투 投, 재물 자 資)인 거지요. 심지어 어느 특정 시점에 얼마나 오를지는 워런버핏 같은 투자의 대가들도 알 수 없습니다. 의미 없는 예측보다는 어떻게 현재 시점에서 안전마진을 확보하고 투자할 수 있을지를 공부하는 게 낫다고 생각합니다.

청약과 경매 공부가 그중 하나입니다. 청약에 당첨돼도 3년여의 공사기간이 남아 있습니다. 즉, 계약금은 지금 내지만 3년간 들어가서 살수 없다는 불편함이 있고, 이 정도의 시간을 투자한 결과가 자산의 값어치로 환산돼서 돌아옵니다. 아무래도 공사 중인 허허벌판일 때랑 으리으리하게 아파트가 올라갔을 때의 가치가 같을 수는 없겠죠? 청약이 그렇습니다. 안전하게 시간의 값어치를 자산의 값어치로 환산해주기 때문에 상대적으로 확실하고 안전한 투자 방법이라고 볼 수 있습니다.

Q 입주시점에 가격이 더 떨어질 수도 있지 않을까?

자본주의에서 모든 자산은 상대적 가치를 지닙니다. 아파트 가치가 상승했더라도 돈의 가치가 더 많이 상승했다면 아파트의 가치가 상대적으로 떨어져 보일 수 있습니다. 그러나 같은 재화인 주변 아파트들과 비교해보면 결코 그렇지 않다는 걸 알게 될 겁니다. 단, 건설사에서 많은 이윤을 추구해 분양가가 본래 가치보다 비싼 곳이라면 당연히 다음 기회를 노려야죠. 앞에서 배운 방법대로 분양단지의 자산가치를 정확히 판단해서 소중한 청약기회를 잘 활용해보세요.

Q 너무 높은 프리미엄! 좋고 저평가된 것을 찾는 방법은?

자금이 많다면 분양권, 재개발 투자도 괜찮습니다. 좋은 물건일수록 프리미엄이 높은 건 당연합니다. 공부가 부족해서 다른 사람보다 늦었다면 프리미엄을 인정해야죠. 또 좋은데 저평가된 건 없습니다. 분명 어딘가 부족한 부분이 있어서 상대적으로 시세가 낮게 형성된 겁니다. 진짜 급매는 시장에 나오지도 않고 공부로 무장한 사람들이 바로 계약합니다.

저 역시 부동산 강의를 많이 들어봤습니다. 강의를 들을 때는 좋은 투자처가 바로 눈에 잡힐 듯한 기분이지만 쉽지 않죠. 고작 몇십만 원의 강의비를 내고 수천, 수억씩 오르는 곳을 바로 잡아낼 수 있다? 정말 그렇다면 실패하는 사람은 아무도 없을 겁니다. 결국은 본인 스스로 공부하고 경험해서 느껴야 하며, 공부할수록 정답은 없고 정답에 가까운 것들만 있을 뿐이라는 걸 알게 됩니다. 특히 본인 노력 없이 남에게 의존하는 사람, 싸고 좋은 것만 찾는 사람은 지주택, 기획부동산, 신도시 상가, 잔여세대 오피스텔 등을 조심해야 합니다. 사기 당하기 좋은 상품들이니까요.

부동산 공부를 막연히 어렵다고 생각하는데 막상 빠져들어 보면 생각보다 어렵지 않습니다. 우리 동네를 임장하면서 부동산중개소 몇 군데를 돌아다녀 보세요. 대략적인 시세와 미래가치, 대장아파트가 어딘지가 들어옵니다. 그걸 기준점으로 잡고 다른 지역도 같은 방법으로 임장해보는 겁니다. 그러면 또 다른 기준점이 생기고, 비교하는 눈이 생깁니다. 그 다음에는 전국팔도 지도를 놓고 인구수를 정리하고, 대장아파트 시세를 정리해보세요. 뭔가 깨달음이 올 겁니다. 일자리, 교통 등으로 정리하는 방법도 있지만 장담하는데 대부분의 사람들은 여기까지도 하지 않습니다. 그저 남들에게 물어보고 쉽게 돈을 벌고 싶어 할 뿐이지요.

거듭 강조하지만 본인의 기준이 잡혀야 가치판단을 정확히 할 수 있고, 그래야 앞으로 집값이 오르고 내리는 것에 상관없이 의연하게 마음의 평화를 얻을 수 있습니다.

Q 하락기가 온다면?

상승기가 있으면 하락기가 있는 게 당연한 자산 사이클입니다. "23년부터 하락 시작이다, 3기 신도시 공급폭탄 떨어지면 부동산은 끝이다, 인구 절벽이다, 금리 인상한다, 영끌족 망한다." 마치 부동산 폭락을 바라기라도 하는 것처럼 들릴 지경입니다.

여기서 제가 동의할 수 있는 부분은 마지막에 있는 '영끌족 망한다' 말고는 없습니다. 영끌로 부동산 자산을 취득하는 건 정말 위험한 방법입니다. 하락기가 지나서 상승기가 온다는 걸 머릿속으로는 알아도 여유가 없으면 뇌동매매를 하게 됩니다. 그래서 아무리 부동산 분위기가 뜨거워도 영끌은 추천하지 않습니다. 하지만 다른 이유는 동의하기 어렵습니다. 23년에 진짜 하락한다고 하더라도 얼마나 오른 다음 얼마나 하락할지를 예측할 수 있는 사람이 있을까요? 장담컨대 유명한 투자가 워런 버핏, 피터 린치, 레이 달리오도 모릅니다. 하물며 누구나 자기 생각을 말할 수 있는 유튜버들이 맞힐 수 있을까요? 그저 마음의 위안이 되는 말, 듣고 싶은 말만 찾아 듣는 건 아닌지 잘 생각해봐야 합니다. 하락지점, 상승지점을 정확히 맞힐 수 있다면 유튜브를 하는 게 아니라 진작에 부자가 됐어야 합니다.

그렇다고 폭등한다고 생각하지도 않습니다. 그냥 본인의 그릇에 맞는, 평생 살 보금자리를 마련한다고 생각하세요. 그래도 충분히 공부해야 하는 이유는 본인의 행동에 확신을 갖기 위해서입니다. 미래는 예측할 수 없지만 어느 정도의 확신은 있어야 하락기가 와도 크게 신경 쓰지 않을 수 있습니다. 남의 말만 듣고 가볍게 판단해서 매수하면 상승기에는 더 오를까 봐 욕심 때문에 못 팔고, 하락기에는 불안에 떨다 뇌동매매할 가능성이 큽니다. 공부를 통해 확신을 갖추고 하락장이 왔을 때 어떻게 대비할지 머릿속에 그릴 수 있다면 크게 두렵지 않을 겁니다. 개인적으로 하락장이 왔을 때 저의 계획은 모든 주택을 처분해서 똘똘한 1주택으로 갈아탈 생각입니다. 그동안 집값을 보면 상급지와 하급지의 차이는 상승기 때 더 많이 벌어졌었습니다. 반대로 하락기 때는 그 갭이 감소하죠. 갈아타기 가장 좋은 타이밍은 하락기입니다.

Q 하락기가 오면 거래 자체가 없지 않을까?

맞습니다. 집값이 떨어지는 것보다 무서운 게 팔고 싶을 때 팔 수 없다는 것입니다. 그래서 저는 남들이 선호하는 신축, 특히 초등학교가 바로 근처에 있는 곳들만 소유하고 있습니다. 중학교랑 고등학교는 조금 멀어도 상관없지만, 어린 자녀를 둔 부모라면 초등학교만은 아파트 단지 안에 있거나 신호등을 건너지 않는 곳이길 바라니까요.

이런 곳들은 하락기가 와서 매도가 안 될 수는 있어도 전세는 잘 나갑니다. 자금이 묶일 걱정이 없죠. 전세가가 높게 형성되면 매매가랑 갭이 줄어들어서 투자자가 붙습니다. 하락기라도 용감하게 투자하는 사람들이 있으니까요. 그래서 신축, 초등학교, 교통 호재, 일자리가 탄탄한 곳이라면 나중에 하락기가 와서 갈아탈 때도 크게 어렵지 않고, 상급지와의 갭도 더 적어질 것이라는 게 제 생각입니다.

제 자산 포트폴리오에는 부동산만 있는 것이 아니라 주식, 채권, 금도 있고, 원화와 함께 달러도 있습니다. 하락기에는 부동산 포트폴리오 안에 있는 자산군만 살짝 바꿔주는 정도입니다. 여러분도 상승기, 하락기에 대한 계획을 세워두고 자산을 모아간다면 어떠한 상황이 와도 이성적으로 판단할 수 있을 겁니다.

Q 앞으로의 투자 방향을 제시한다면?

자산을 부동산에 국한해서 보지 마세요. 원화자산, 달러자산으로 나누고 부동산뿐만 아니라 주식, 채권, 금, 코인 등 다양하게 나눠서 유지하는 게 좋습니다. 또 시세차익형 자산만이 아니라 수익형 자산도 준비하라고 권하고 싶습니다. 저는 자산을 더 크게 증식하는 게 아니라 꾸준히 안정적으로 수익을 내는 게 목표입니다. 저랑 성향이 비슷하다면 자산을 다각화하는 게 중요합니다. 레이 달리오의 올웨더 포트폴리오라는 게 있는데 그걸 본인만의 포트폴리오로 응용해서 예기치 못한 일이 일어나도 대응할 수 있도록 해두어야 합니다. 어차피 맞힐 수도 없는 미래를 맞혀보려고 소중한 현재의 시간을 낭비하지 마세요. 직접 공부해서 본인에게 맞는 편안한 포트폴리오를 짜고 상승과 하락에 대한 계획을 세울 수 있다면 내 자산도 지키면서 하루하루 행복하게 삶을 즐길 수 있을 겁니다.

나이가 어릴수록 시세차익형에 비중을 두고, 나이가 많을수록 수익형 자산에 비중을 두세요. 보통 "100에서 내 나이를 뺀 만큼의 비중을 공격적인 시세차익형 자산으로 가지고 가라"라는 말을 많이 합니다. 본인 성향에 맞게끔 구성하되, 현금흐름(CASH FLOW)에 집중해야 합니다. 아무리 시세차익이 큰 주식이나 부동산을 갖고 있더라도 수익실현을 하지 않으면 숫자에 불과합니다. 볼 때마다 기분이야 좋겠지만 현재 내 인생에는 큰 도움이 되지 않죠. 매달 현금이 들어오는 월세나 배당금, 더 나아가서는 2, 4년에 한 번씩 전세가를 올릴 수 있는 현금흐름을 만들어 내야 인생이 풍요로워집니다. 참고로 전세가는 지금까지 부동산 사이클 중 단 15%만 하락했습니다. 85%의 높은 확률로 상승하며, 하락을 겪더라도 2년 후에는 상승할 확률이 높습니다. 미래를 예측하려 하지 말고 자산들을 어떻게 하면 시세보다 저렴하게 안전마진을 끼고 살 수 있을지 공부하는 게 더 중요합니다.

부동산 자산은 경매나 청약을 이용하면 시세보다 저렴하게 살 수 있습니다. 주식도 저렴할 때 사면 좋지만 현실적으로 쉽지 않으니 매달 적립식으로 사는 걸 추천합니다. 주식에도 안전마진이 깔린 공모주가 있습니다. 자금이 많을수록 수익이 좋긴 하지만, 균등배정을 이용하면 쏠쏠한 용돈벌이 정도는 할 수 있습니다. 그리고 꾸준히 청약을 시도하면서 중간중간 노리스크 청약에 당첨되면 프리미엄을 챙겨 팔고, 투자가치 높은 것만 시세차익형으로 들고 가면 됩니다.

또 원화자산만 있으면 경제위기가 왔을 때 자산을 지키기 힘드니 외화자산도 함께 모아가야 합니다. 대표적인 방법으로 미국주식이 있죠. 기업분석을 좋아하고 주식 공부할 시간이 많으면 개별주식을 해도 되지만, 개인적으로 시장지수를 따라가는 ETF를 추천합니다. 저 역시 처음엔 개별주도 하고 이것저것 했었는데 투자되는 시간 대비 아웃풋이 가장 좋은 건 S&P500인 것 같아서 대표적인 ETF인 IVV, QQQ, VT 정도만 모으고 있습니다. 마켓 타이밍을 잡지 않고 매달 꾸준히 사 모으고 있습니다. S&P500은 미국 사람들도 노후 대비로 매달 사고 있으며, 한국에서도 세금감면 혜택을 받기 위해 연금저축에 가입한 사람들이 가장 많이 삽니다. 수요가 꾸준해서 장기적으로 우상향할 것이라고 믿고 편안하게 투자하고 있습니다. 여러분도 청약 당첨이 끝이라고 생각하지 말고 다양한 자산군을 공부하길 바랍니다. 미래를 대비할 수 있는 자신만의 포트폴리오를 구축해서 미래뿐만 아니라 하루하루 행복한 인생을 보내길 진심으로 바랍니다.

두 번째 성공!
구리역 더리브드웰 오피스텔
청약 당첨기

안녕하세요! 지난 5월에 수원장안 한화포레나 아파트 청약 당첨 후기를 썼던 사쿠라츠입니다. 불과 2개월 전에 썼는데, 다시 오피스텔 당첨 후기를 쓰고 있는 이 순간이 너무 벅차고 기쁩니다.

저에게 아파트 청약은 '내 집 마련'의 시작이었습니다. 아파트 청약에 당첨된 후 계약하고 나니 한 가지 새로운 목표가 생겼습니다. 그것은 바로 오피스텔 청약 당첨이었지요. 조금 더 구체적으로 말씀드리면 '역세권, 3룸 이상'인 오피스텔 당첨이 목표였습니다. 아파트 청약 계약금을 마련하느라 신용대출까지 끌어 쓴 상황에서 더 이상 자금 확보가 어려웠지만, 아끼고 아껴둔 사내 대출을 활용할 작정이었습니다. 5월부터 오피스텔, 민간임대, 생숙에 청약 신청을 했으나 당연히 떨어졌습니다. 어차피 올해 목표가 오피스텔이었으니 여유를 가지고 한 개씩 넣어보자고 마음먹었습니다. 알짜정보와 MGM, 매수자 매칭, 전매 등의 절차를 잘 알려준다는 윤테크 님만 믿고 저지른 일이었다는 걸 고백합니다. 실제로도 투자 목적이 강한 첫 오피스텔 청약 당첨에 정말 많은 도움이 되어주셨습니다.

구리역 더리브드웰은 저와 아내가 각 한 개씩 신청했는데, 오피스텔 신청 날 449:1이라는 경쟁률을 보고 '정말 선당후고를 해야 되는구나'라는 생각이 들더군요. 다음 날, 업무 회의가 끝나자 마자 모르는 번호로 전화가 오더니 오피스텔 84㎡ 24층에 당첨되었다는 소식을 들었습니다. 사실, 전화한 곳이 어디인지도 몰랐고 혹시 사기꾼이나 떳다방이 아닐까 하는 의심도 들었습니다. 그만큼 얼떨떨한 느낌이었고, 이게 좋아해야 되는 건지도 몰랐습니다.

그 전화를 끊은 후 윤테크 님께 톡을 보내고 전화통화를 했습니다. 현재 형성되어 있는 프리미엄 수준을 알려주시면서 여유가 된다면 지금 전매하는 것보다는 가능한 한 길게 끌고 가라고 조언하시더군요. 와이프와 잠깐 상의하고 바로 사내 대출을 신청했습니다.

다음 날 1차 계약을 바로 했고, 지난주에 2차 계약 잔금까지 치르고 나니 이제 한결 마음이 가벼워졌습니다. 이 모든 것이 불과 3개월 안에 벌어진 일입니다. 저에게 남은 모든 운을 다 쓴 것 같기도 하지만 앞으로도 꾸준히 청약 공부를 하면서 노리스크+단타 위주로 시도해볼 계획입니다.

여러분도 저처럼 몇 개월 사이에 인생이 바뀔 수도 있습니다! 다들 희망을 가지시되 너무 애쓰기보다는 편한 마음으로 청약에 꾸준히 도전하면 좋은 결과가 있을 것이라 확신합니다! 감사합니다 :)

놓치면 후회하는
주요 분양
예정 단지

주요 분양 예정 단지
〈서울편〉

은평구

단지명	전용면적(㎡)	세대수(일반분양)	브랜드
센트레빌 파크 프레스티지 (역촌1구역)	59~84	752(465)	동부건설
은평뉴타운 디에트르 더 퍼스트	59~84	452(452)	대방건설
신사1구역 재건축(두산위브)	59~84	424(235)	두산건설

서대문구

단지명	전용면적(㎡)	세대수(일반분양)	브랜드
서대문 영천 반도유보라 (영천구역 재개발) ◦주상복합	59~143	199(103)	반도건설
홍은13구역 재개발 아이파크	39~84	827(550)	HDC현대산업개발

강남구

단지명	전용면적(㎡)	세대수(일반분양)	브랜드
삼성 가로주택 효성해링턴 플레이스	59~133	118(27)	효성중공업

마포구

단지명	전용면적(m²)	세대수(일반분양)	브랜드
마포3-3구역 푸르지오	51~84	239(34)	대우건설
아현2구역 주택재건축 (현산 컨소시움)	30~118	1419(50)	SK, 현대산업개발

성동구

단지명	전용면적(m²)	세대수(일반분양)	브랜드
행당7구역 푸르지오 파크세븐	45~84	958(135)	대우건설

영등포구

단지명	전용면적(m²)	세대수(일반분양)	브랜드
영등포1-13구역 재개발 푸르지오 위브	59~84	659(216)	두산, 대우건설

주요 분양 예정 단지
〈경기편〉

남양주

단지명	전용면적(m²)	세대수(일반분양)	브랜드
남양주 도곡 2구역 재개발 한양수자인	39~84	908(493)	한양
평내1구역 재건축	46~84	1843(705)	포스코, 대우, 두산건설

부천

단지명	전용면적(m²)	세대수(일반분양)	브랜드
괴안동 3D 재개발 (쌍용)	59~84	759(237)	쌍용건설

수원

단지명	전용면적(m²)	세대수(일반분양)	브랜드
망포지구 푸르지오 A2	84~105	765(765)	대우건설
망포지구 푸르지오 A1	84~105	824(824)	대우건설
서둔동 복합시설 현대	84~113	482(482)	현대건설
권선6구역 113-6 재개발	48~101	2178(1233)	SK, 삼성물산, 코오롱글로벌
오목천 더리브 *주상복합	64~84	2178(1233)	에스지씨이테크건설

안성

단지명	전용면적(m²)	세대수(일반분양)	브랜드
안성 진사리 효성 해링턴플레이스	74~100	993(993)	효성중공업

오산

단지명	전용면적(m²)	세대수(일반분양)	브랜드
오산세교2지구 모아미래도 A21BL	84~94	412(412)	모아건설
오산세교 파라곤 A3	68~84	1068(1068)	라인건설
오산세교 A18, A19	84	644(644)	SK에코플랜트
오산세교2 금강펜테리움 A88	84	762(762)	금강주택

의왕

단지명	전용면적(m²)	세대수(일반분양)	브랜드
내손다구역 재개발	59~112	2633(898)	SK, GS건설
내손라구역 대우	49~84	2180(585)	대우건설

광명

단지명	전용면적(m²)	세대수(일반분양)	브랜드
광명5구역 재개발	34~99	2238(870)	현대, GS, SK건설
광명1구역 재개발	39~127	3585(980)	포스코, GS, 한화
광명2구역 베르몬트로	36~102	3344(754)	대우, 롯데, 현대엔지니어링
광명4구역	39~113	1957(446)	HDC현대산업개발

광주

단지명	전용면적(m²)	세대수(일반분양)	브랜드
광주 민간공원 태영데시앙	59~125	1690(1690)	태영건설
곤지암 역세권 아이파크	84	894(894)	HDC현대산업개발
광주탄벌 에코타운 파라곤	64~84	806(200)	동양건설사업

의정부

단지명	전용면적(m²)	세대수(일반분양)	브랜드
용현동 힐스테이트	59~84	636(636)	현대엔지니어링
캠프라과디아주상복합 *주상복합	84~130	754(754)	HDC현대산업개발

양주

단지명	전용면적(m²)	세대수(일반분양)	브랜드
양주역세권 푸르지오 A1	59~84	1172(1172)	대우건설

고양

단지명	전용면적(m²)	세대수(일반분양)	브랜드
원당4구역 롯데	35~84	1331(641)	롯데건설

화성

단지명	전용면적(m²)	세대수(일반분양)	브랜드
동탄2 태영데시앙 A106, A107	84~109	1256(1256)	금호, 서영, 신동아, 태영건설
동탄2신도시 파라곤 3차(A58)	84~143	1247(1247)	라인건설
동탄2신도시 금강펜테리움 A59	60~85	1103(1103)	금강주택
동탄2 e편한세상	99~115	560(560)	DL E&C

구리

단지명	전용면적(m²)	세대수(일반분양)	브랜드
인창C구역	34~101	1180(686)	롯데건설

성남

단지명	전용면적(m²)	세대수(일반분양)	브랜드
판교대장 금강펜테리움 B2	85초과	128(128)	금강주택
판교대장 금강펜테리움 B3	85초과	87(87)	금강주택
한솔마을 5단지 리모델링 더샵	44~84	1271(115)	포스코, 쌍용
성남중1구역 효성	59~133	2212(1322)	효성중공업

화성

단지명	전용면적(m²)	세대수(일반분양)	브랜드
동탄2 공동주택용지 (A57-2)	미정	662(662)	금강주택

332

안산

단지명	전용면적(㎡)	세대수(일반분양)	브랜드
한화포레나 안산고잔2차	45~72	449(158)	한화건설

안양

단지명	전용면적(㎡)	세대수(일반분양)	브랜드
e편한세상 하늘채 평촌 센텀퍼스트 덕현 재개발	36~99	2886(1229)	DL E&C, 코오롱글로벌

주요 분양 예정 단지
〈인천편〉

미추홀구

단지명	전용면적(m²)	세대수(일반분양)	브랜드
시티오씨엘 6단지	59~130	1744(1744)	포스코, HDC현산, 현대건설
시티오씨엘 5단지	미정	1140(1140)	HDC현대산업개발
시티오씨엘 7단지	미정	1478(1478)	포스코, HDC현산, 현대건설
한화포레나 인천학익	49~74	567(247)	한화건설

동구

단지명	전용면적(m²)	세대수(일반분양)	브랜드
송림3구역 두산위브	39~84	1321(788)	두산건설
송림6구역	59~84	378(334)	파인건설

남동구

단지명	전용면적(m²)	세대수(일반분양)	브랜드
힐스테이트 인천시청역	59~84	746(485)	현대건설

계양구

단지명	전용면적(m²)	세대수(일반분양)	브랜드
작전 현대아파트 재개발	49~84	746(485)	두산, 쌍용건설
작전동 한라비발디	84~120	1371(620)	한라
계양 동도센트리움 골든베이	59~72	340(340)	동도건설

부평구

단지명	전용면적(m²)	세대수(일반분양)	브랜드
부평2구역 e편한세상	39~84	1500(457)	DL E&C
부평 파라곤 십정3구역 재개발	59~84	820(581)	동양건설, 라인건설
부개4구역	46~84	1299(514)	DL E&C

서구

단지명	전용면적(m²)	세대수(일반분양)	브랜드
인천 검단5차 디에트르 AA20	59~110	781(781)	대방건설
인천 검단 금강펜테리움 AA23	미정	1049(1049)	금강주택
인천 검단 한신더휴 AB5	74~84	910(910)	한신공영
인천불로2지구	84	736(736)	현대건설
인천 검단 16호공원 개발사업	59~84	878(878)	동부건설
인천 원당 대원칸타빌	84~101	630(630)	대원